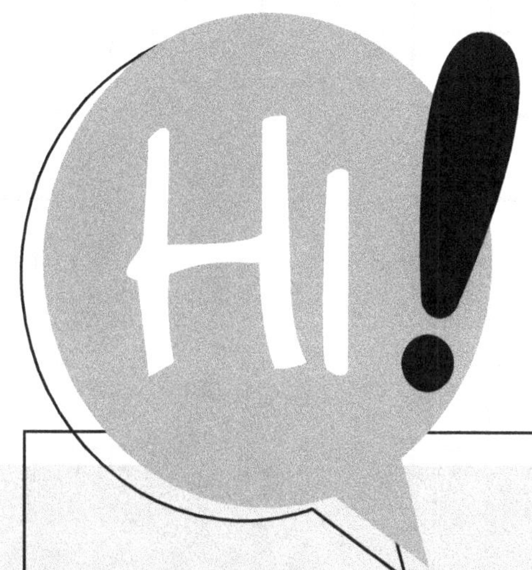
HI!

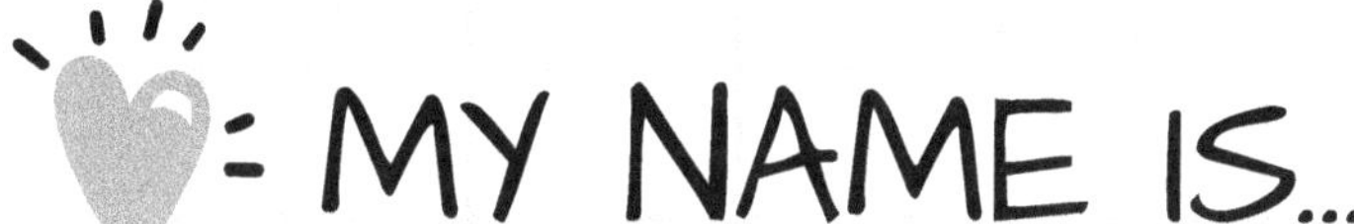
MY NAME IS...

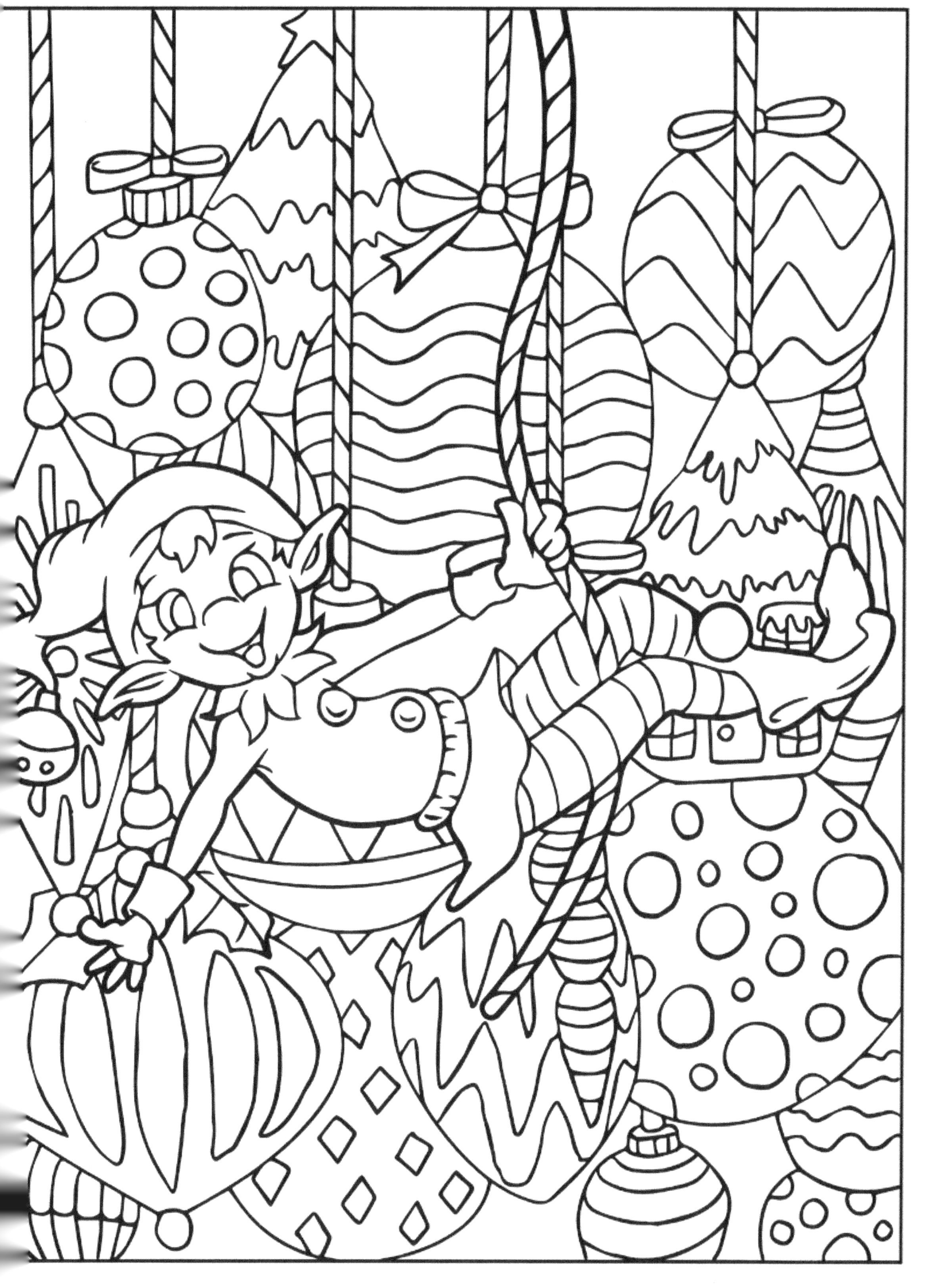

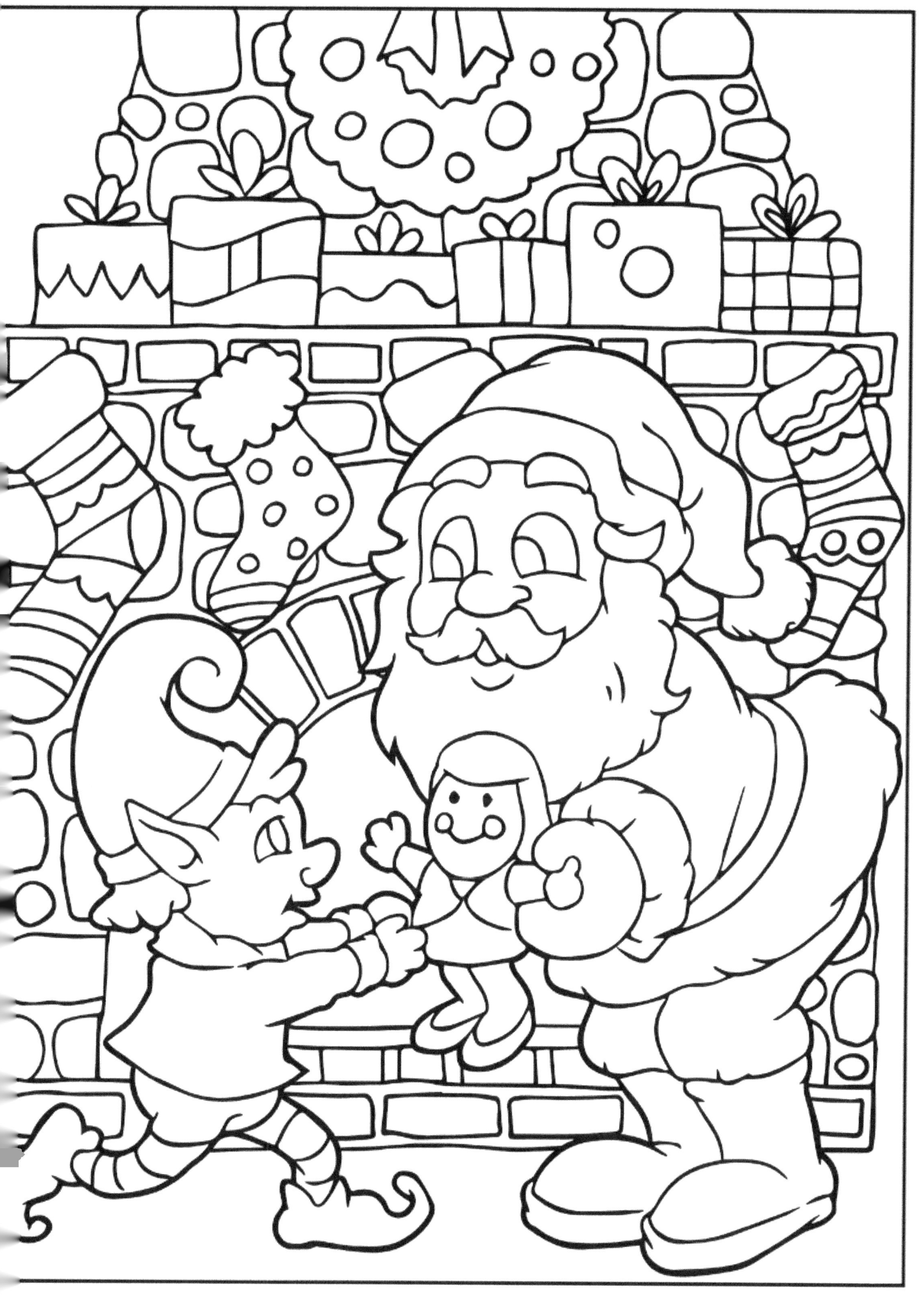

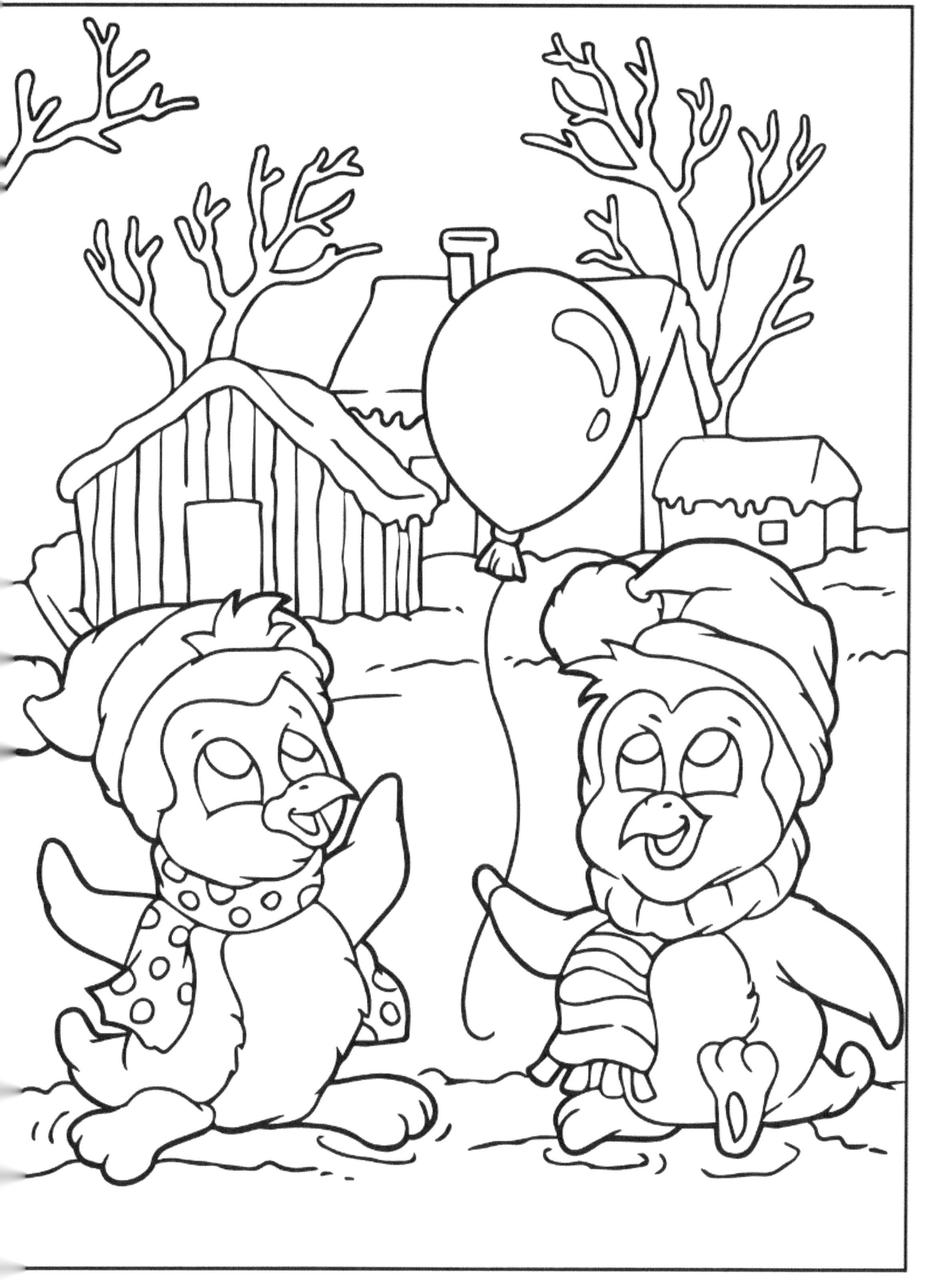

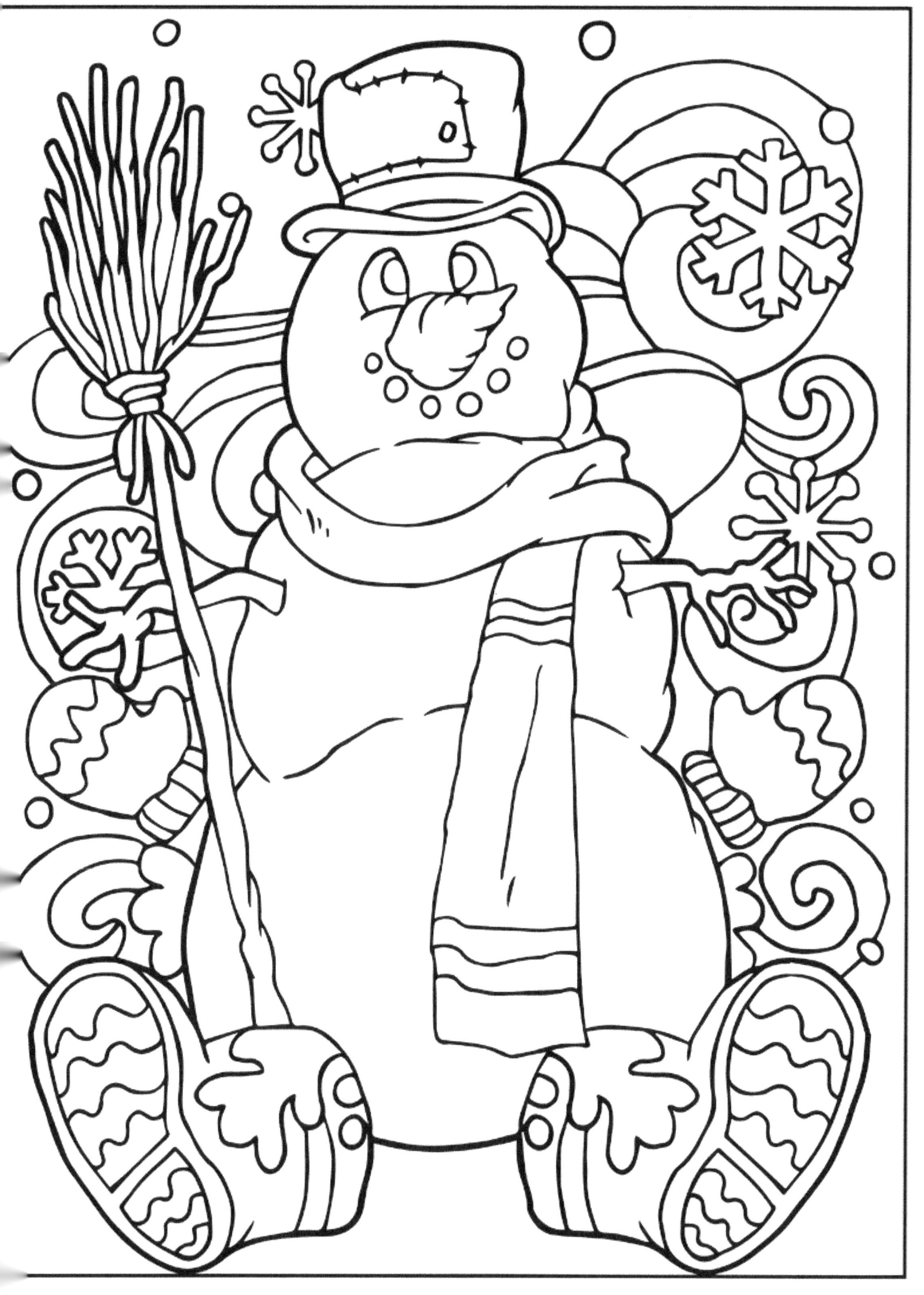

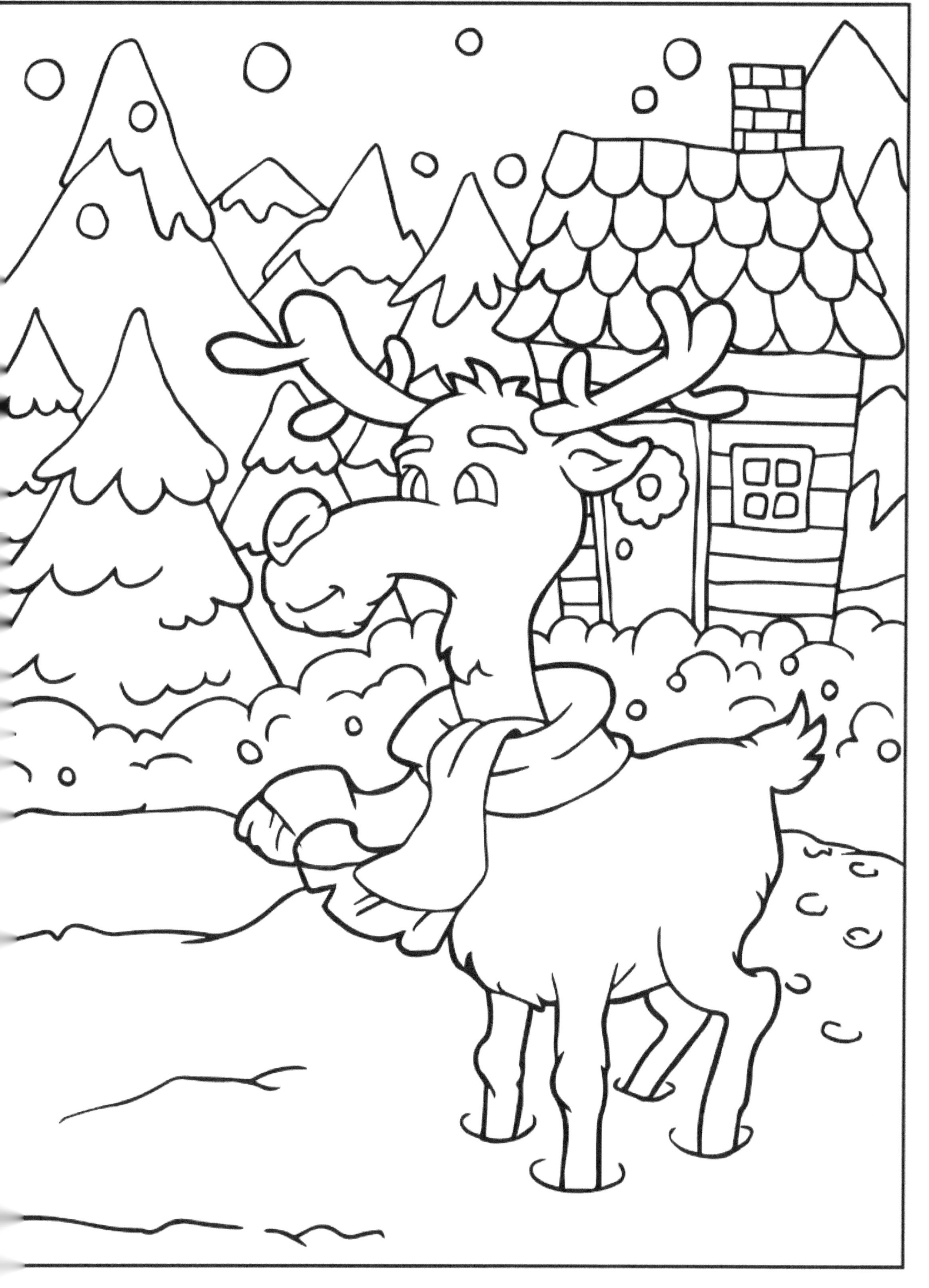

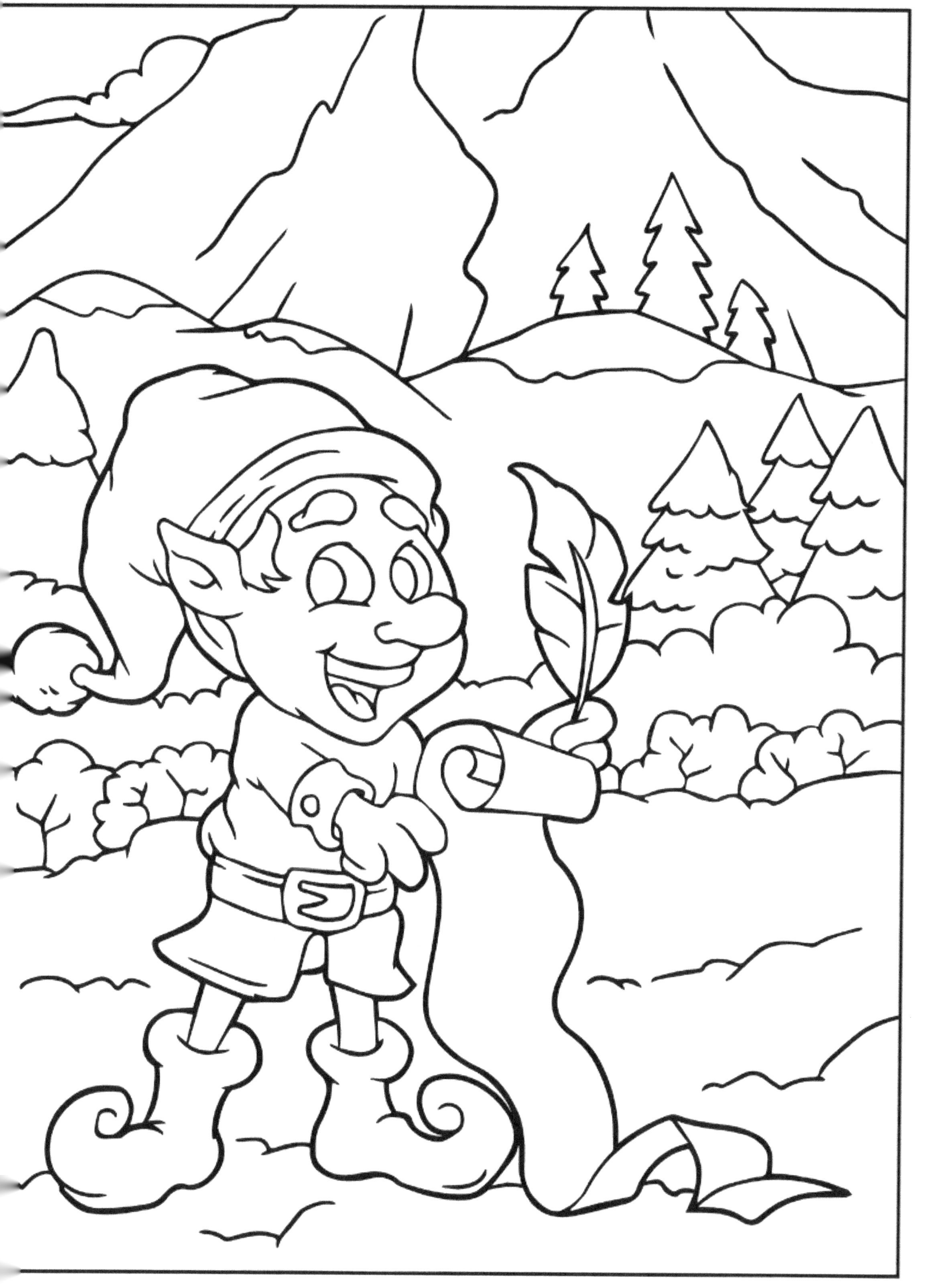

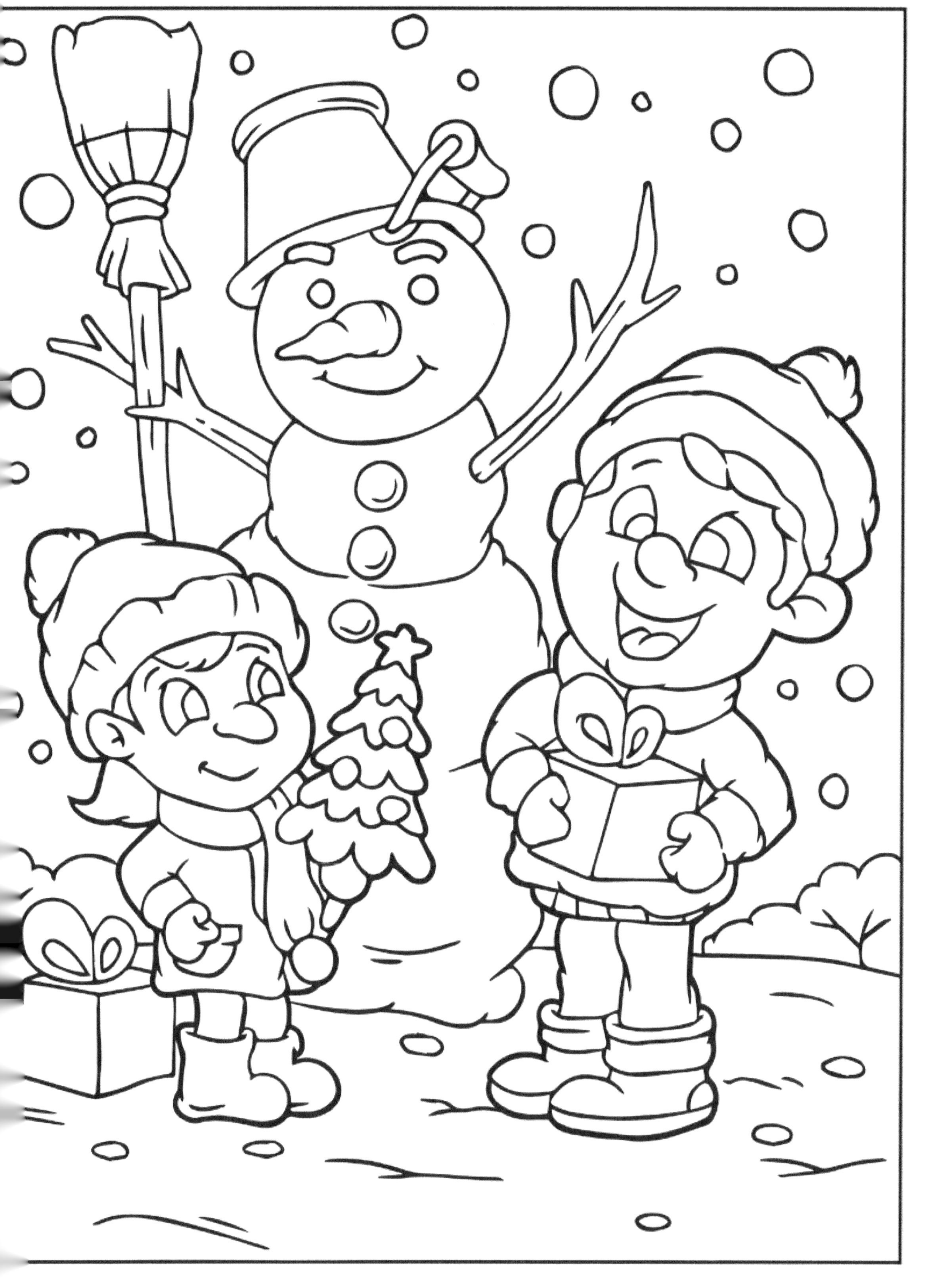

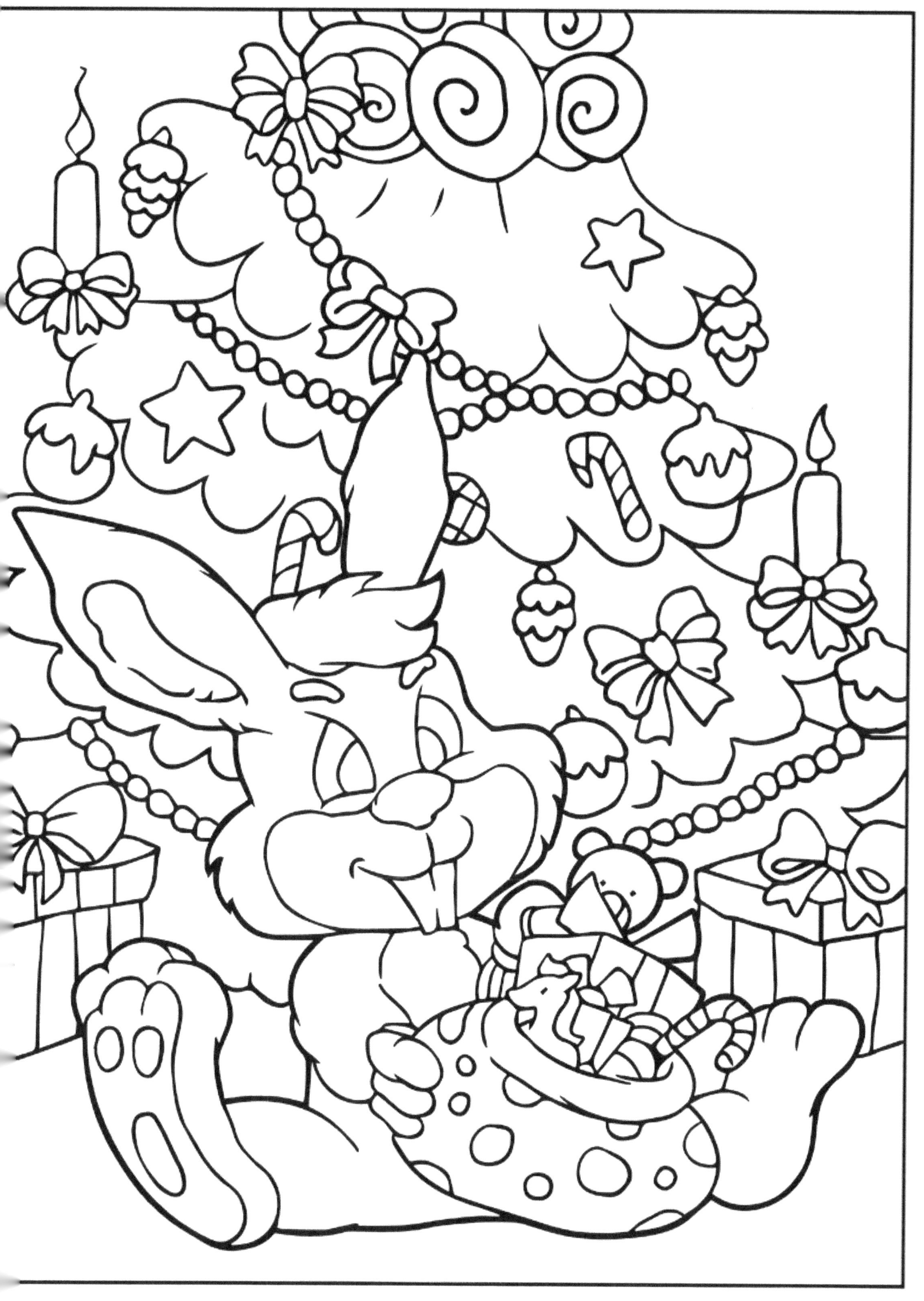

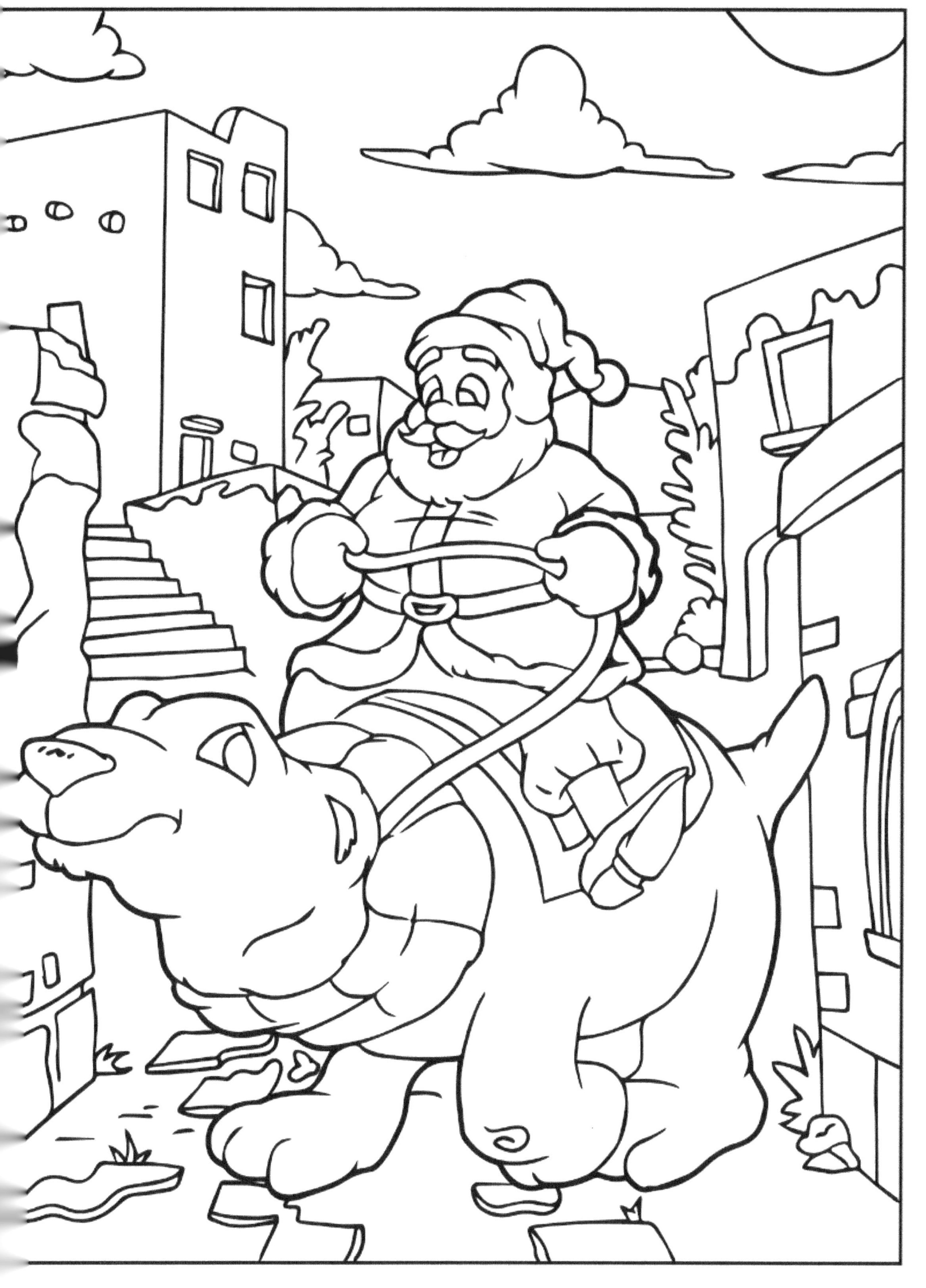

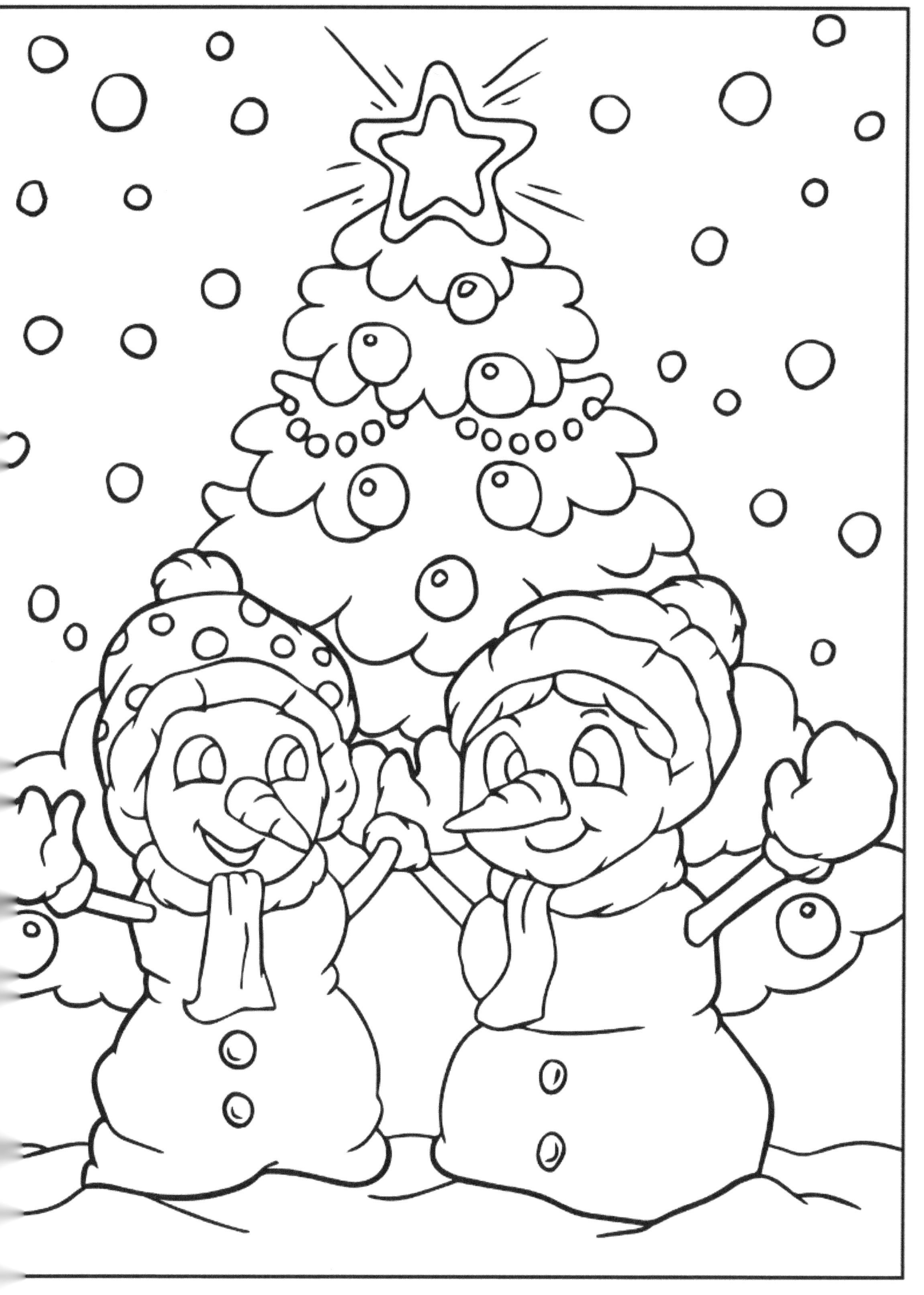

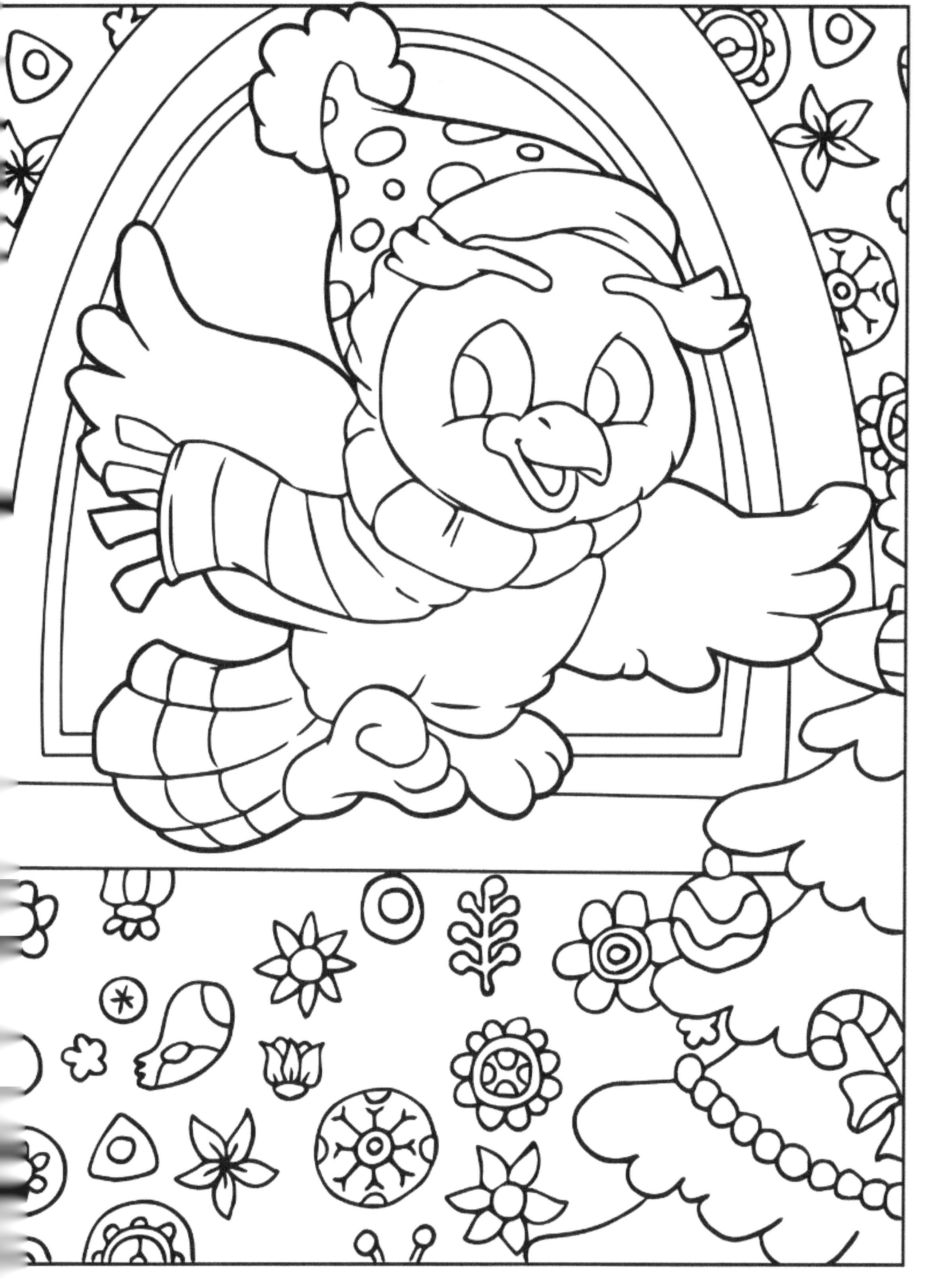

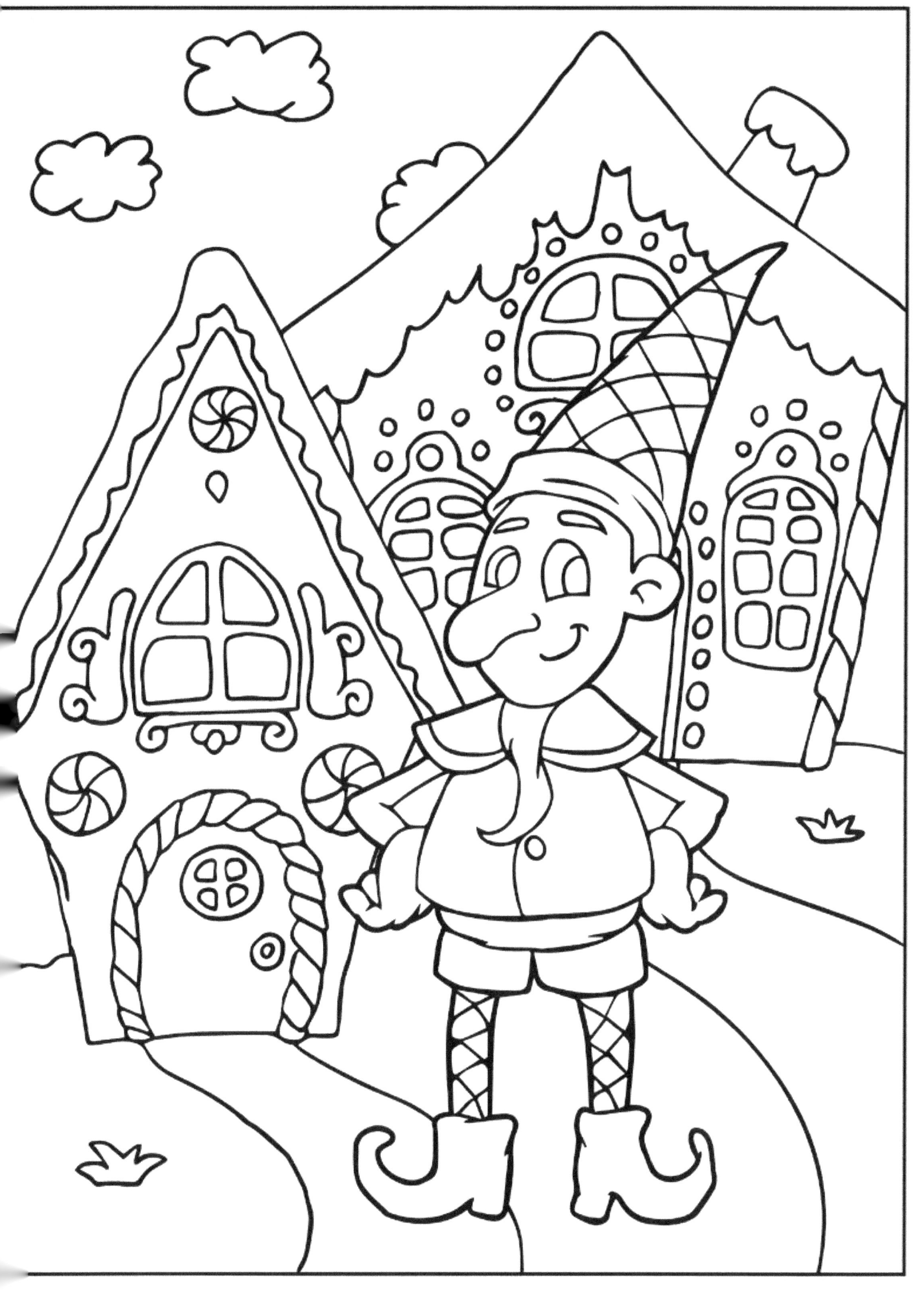

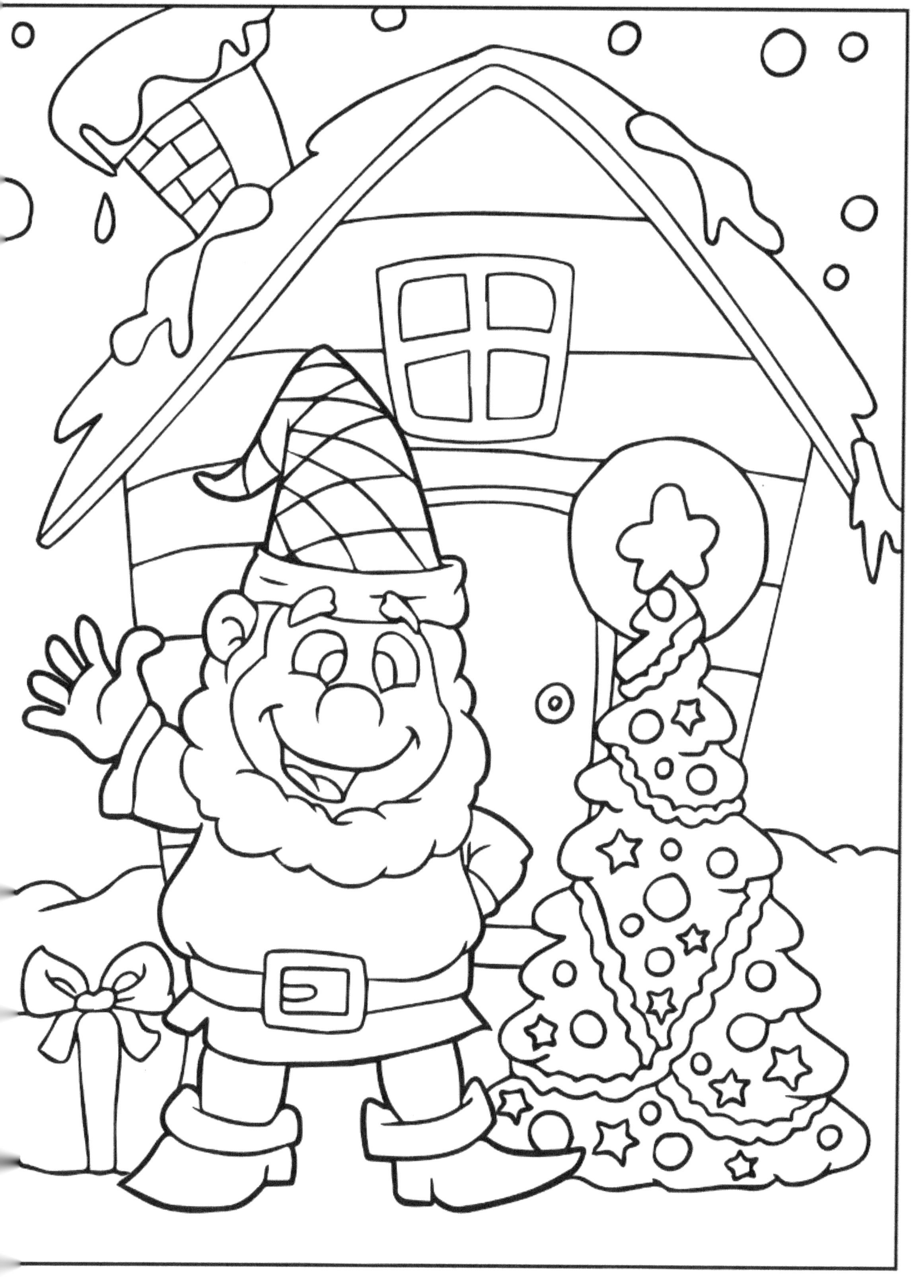

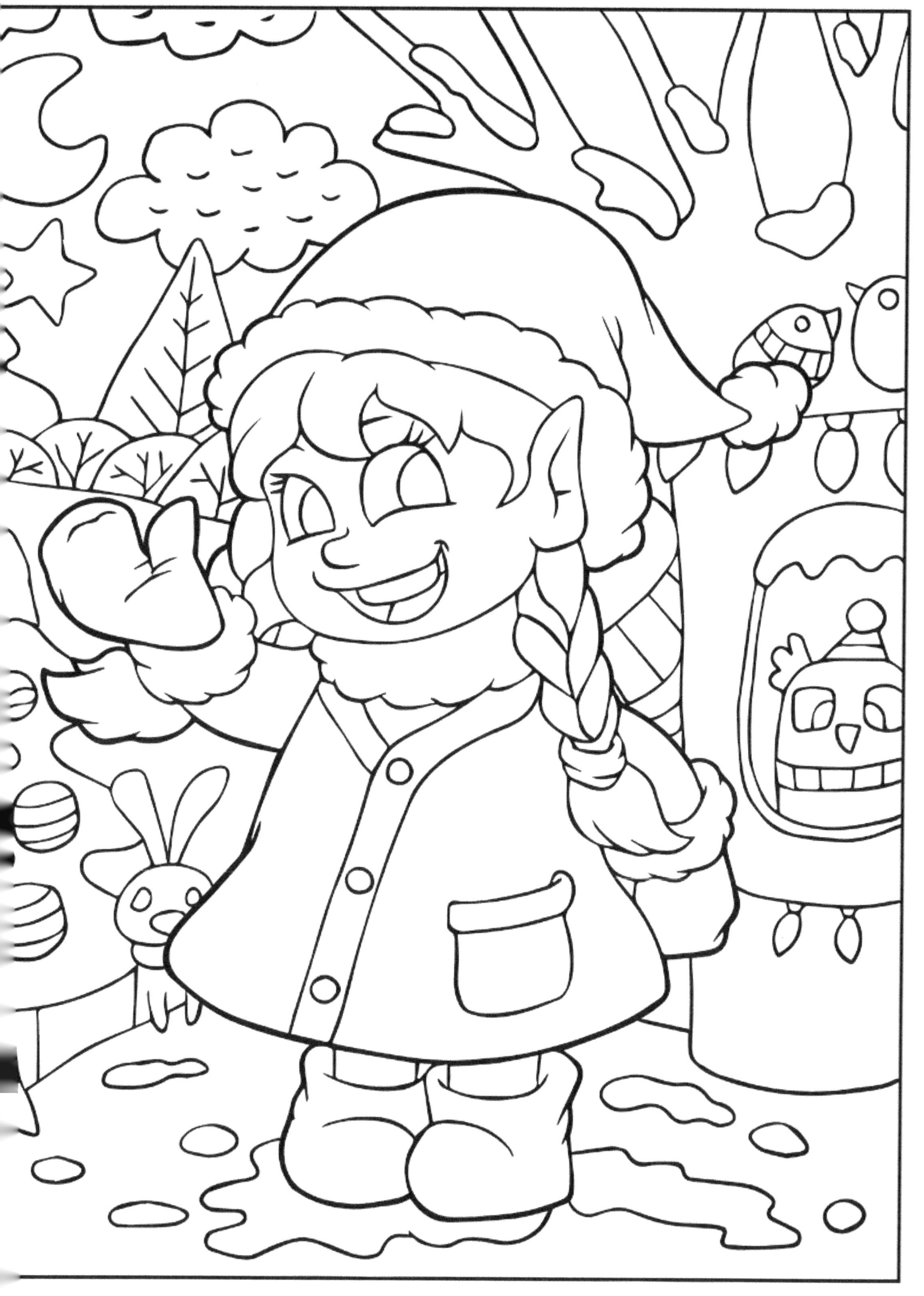

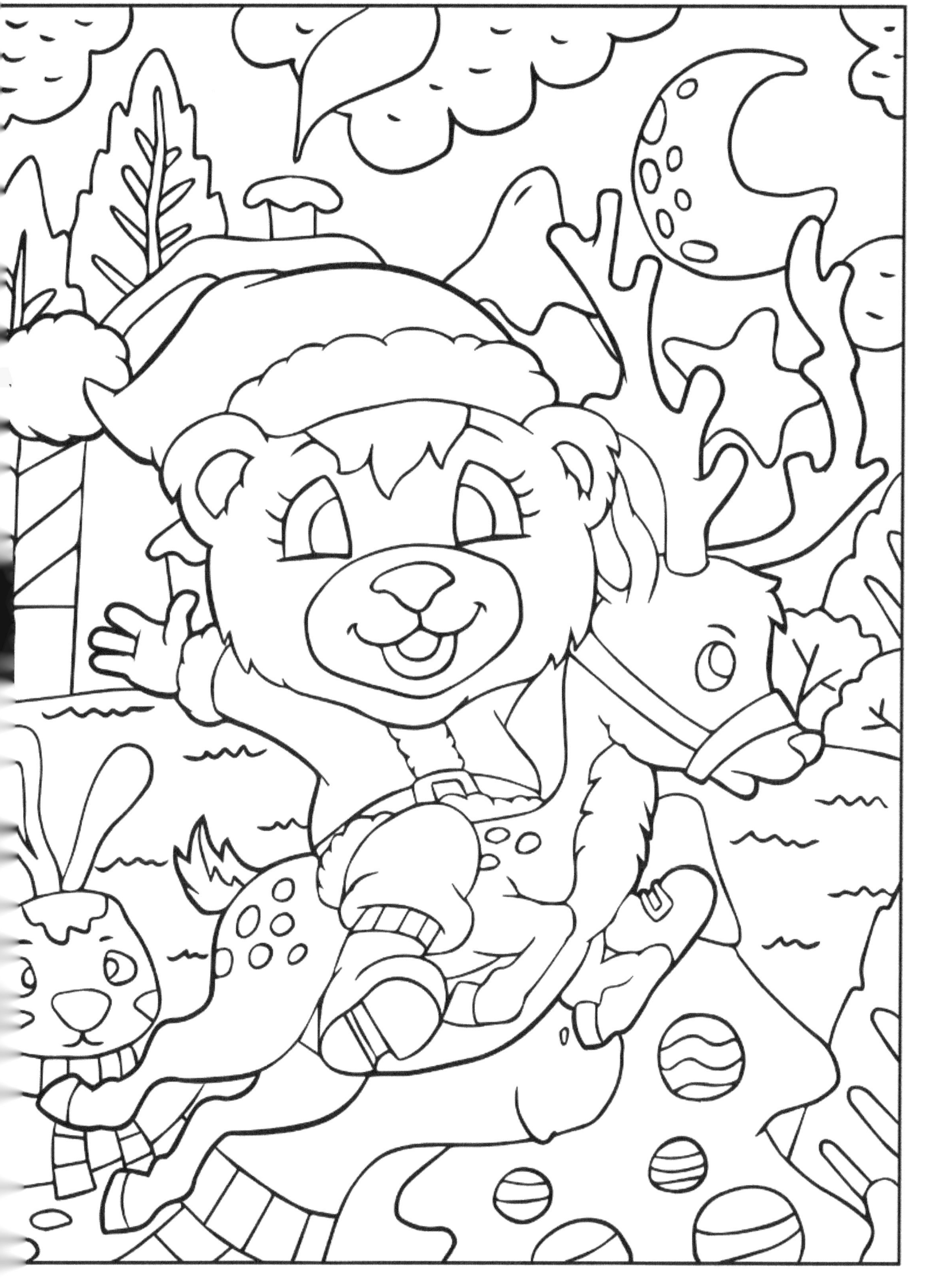

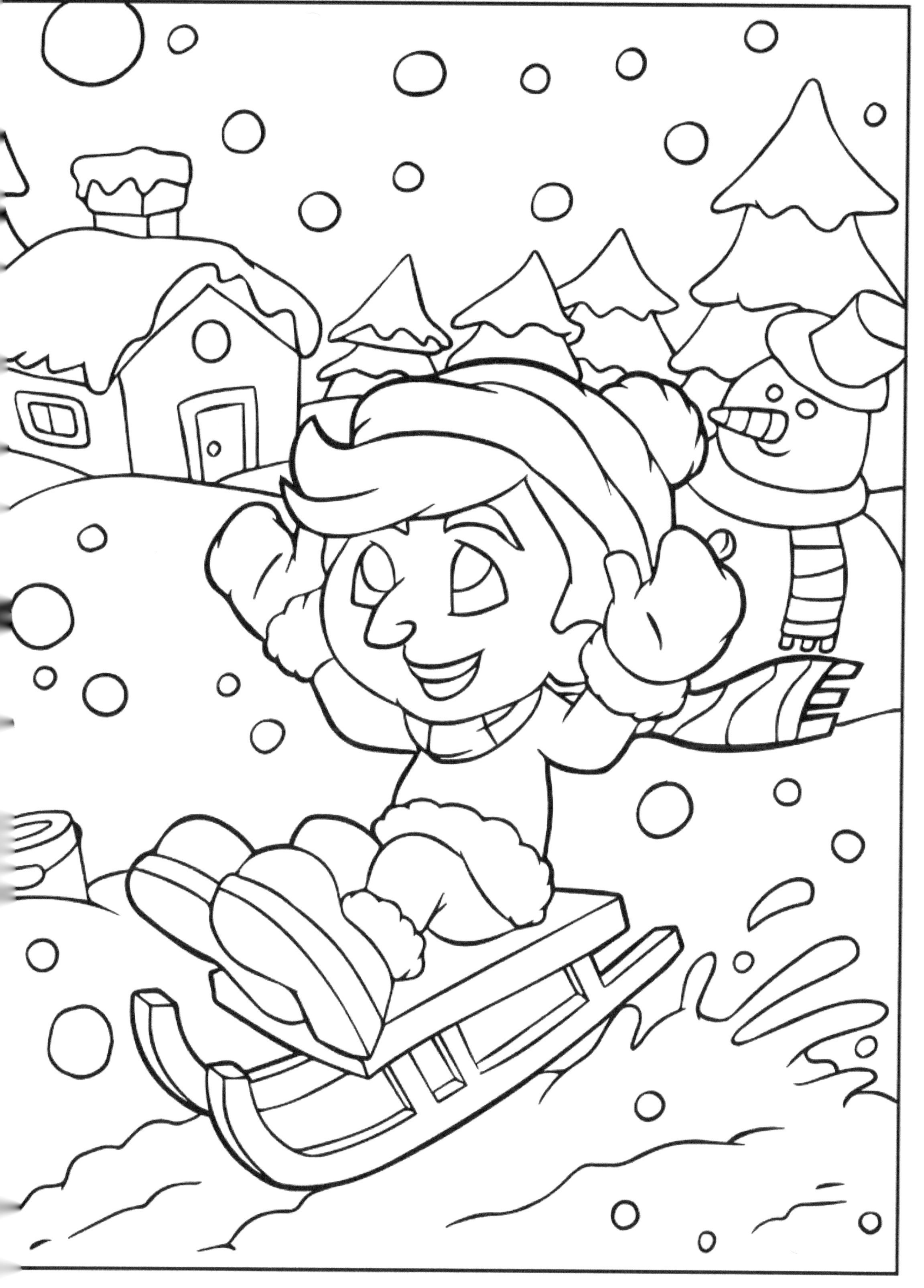

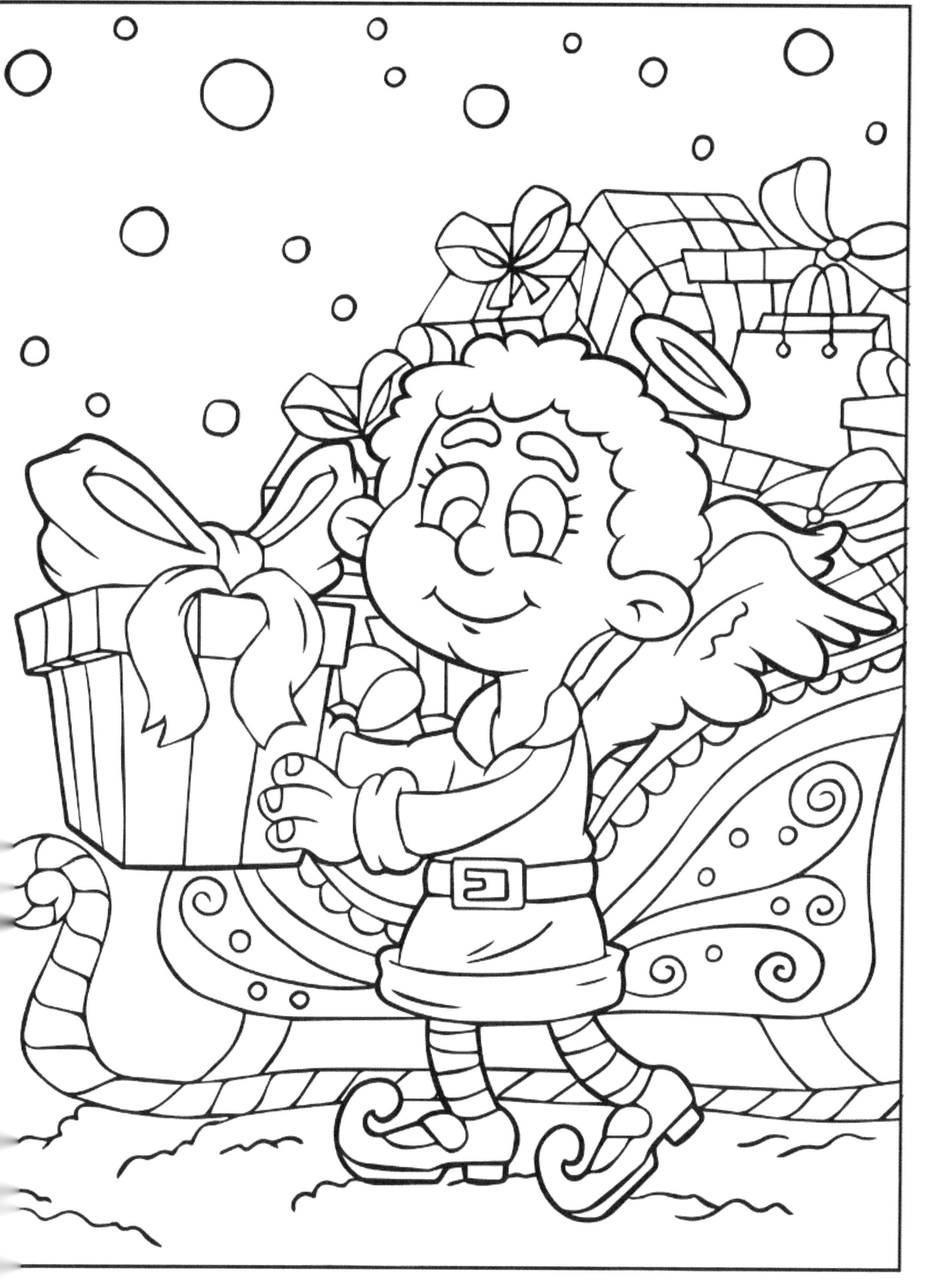

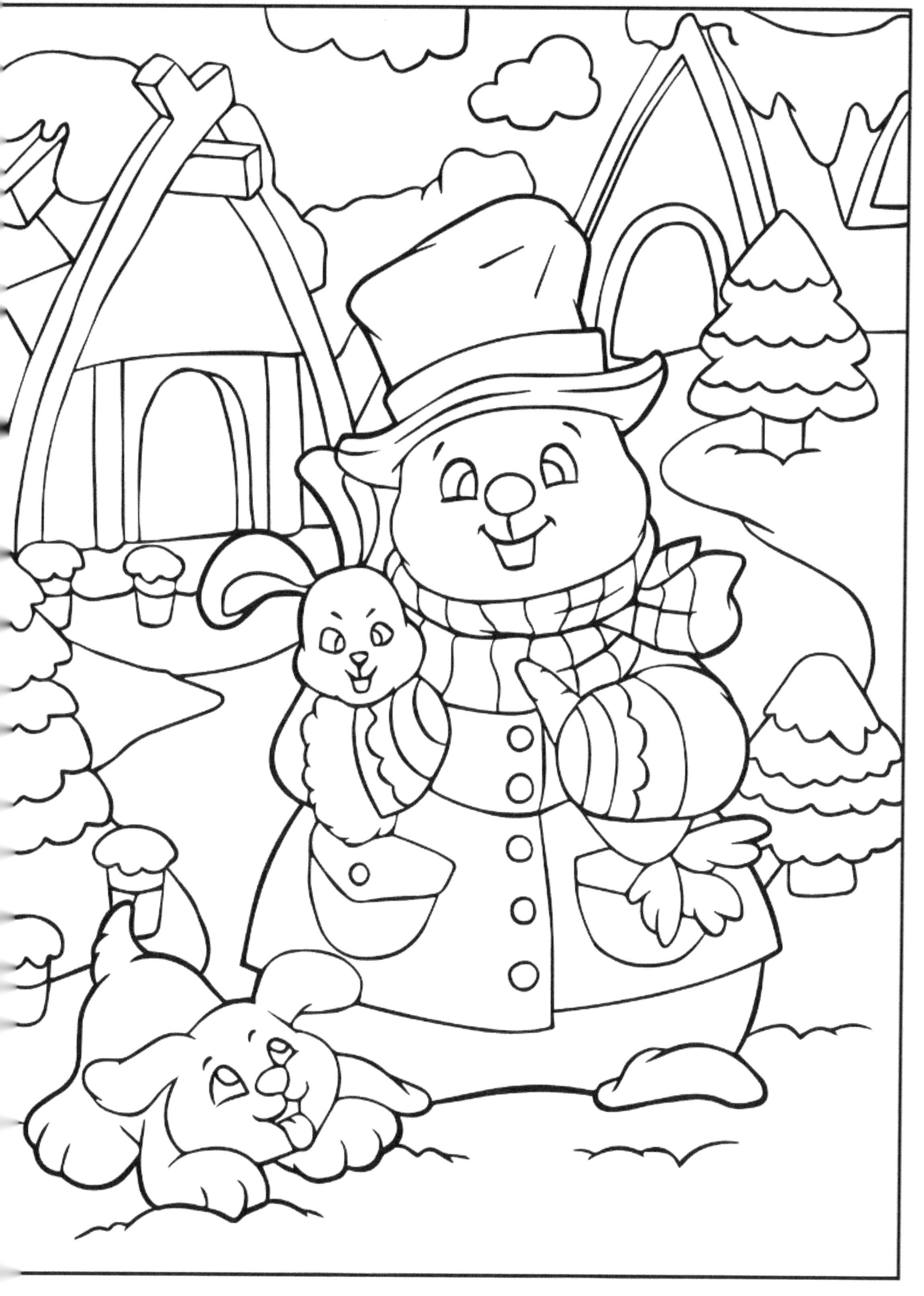

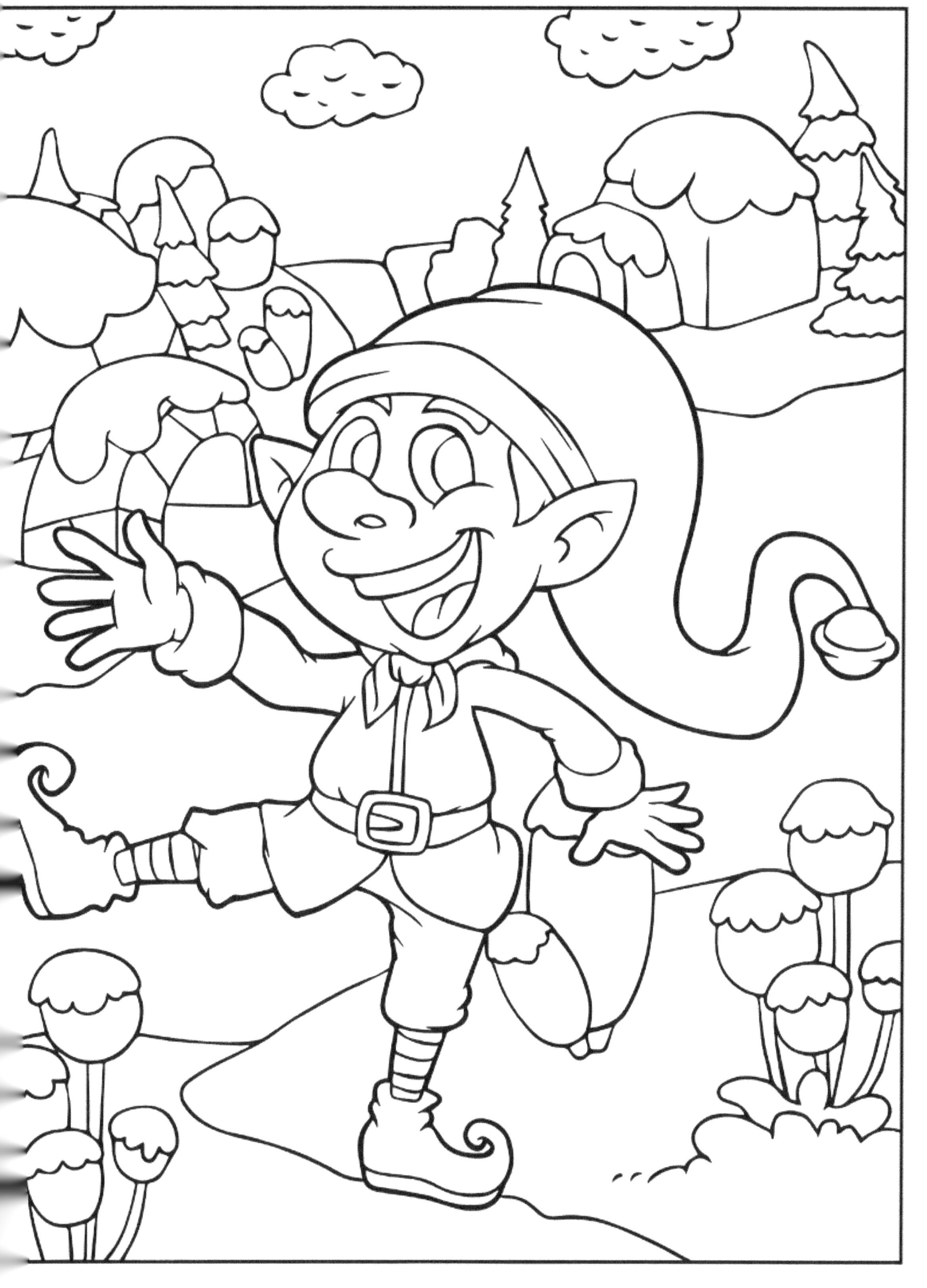

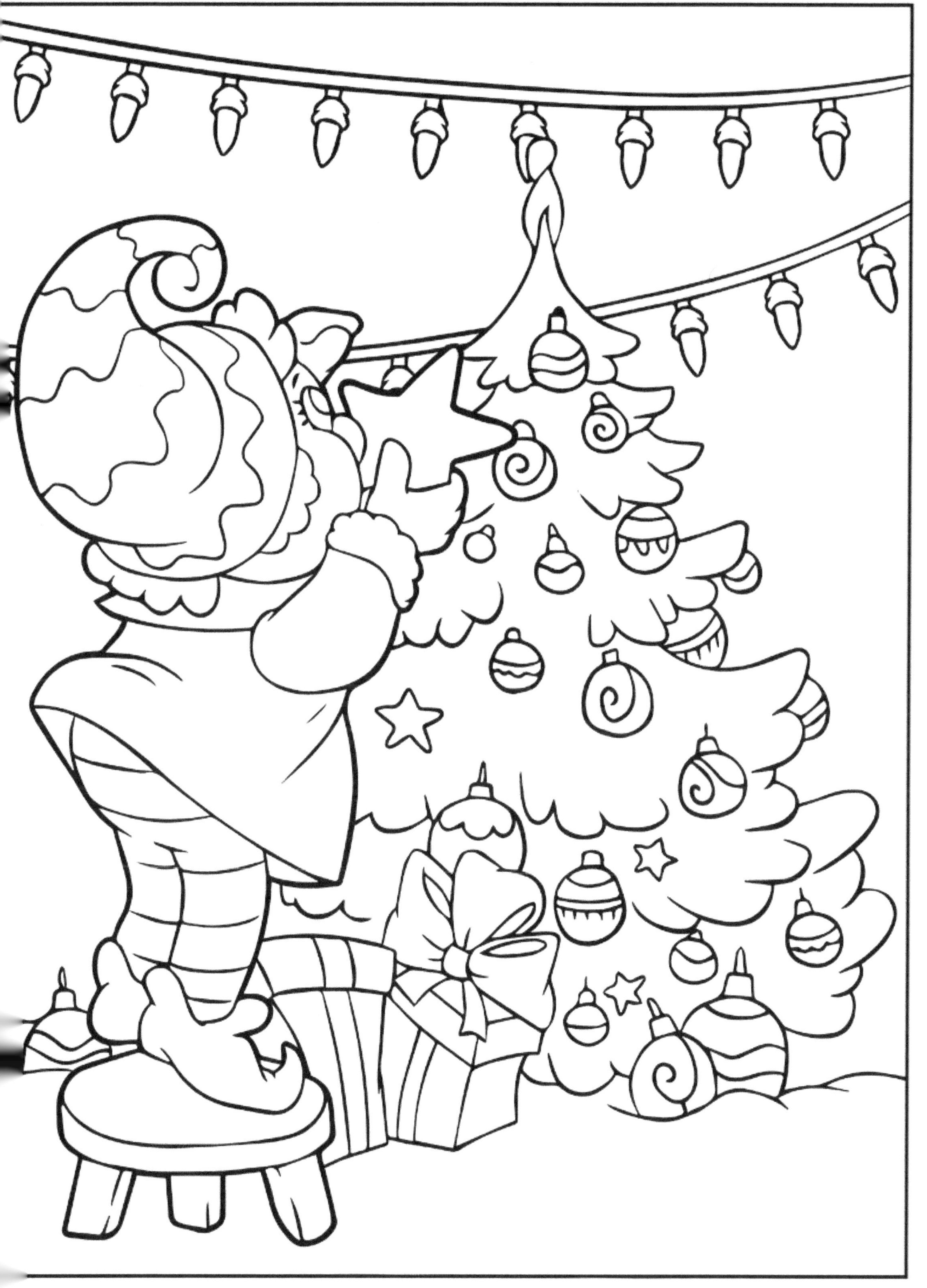

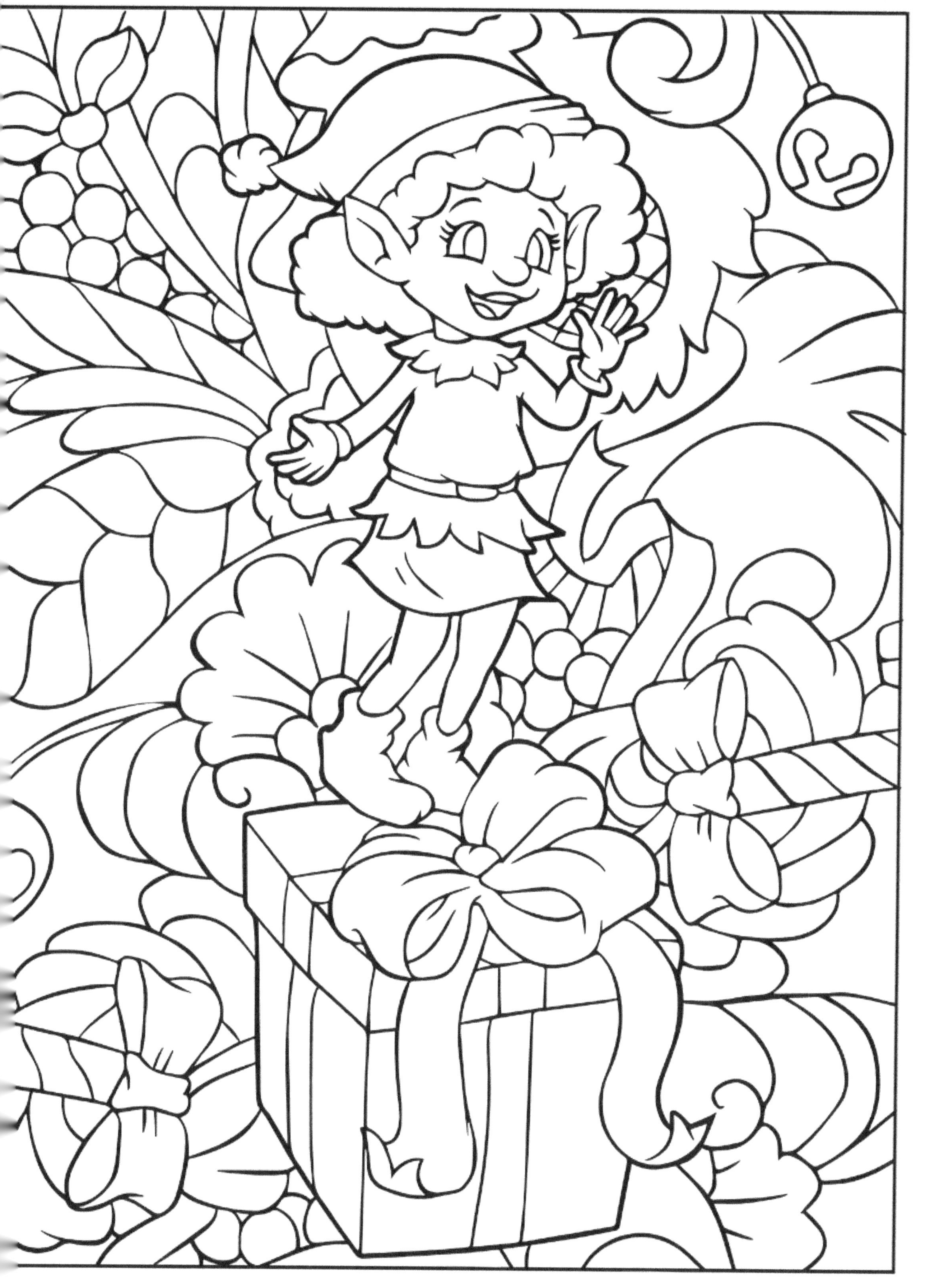

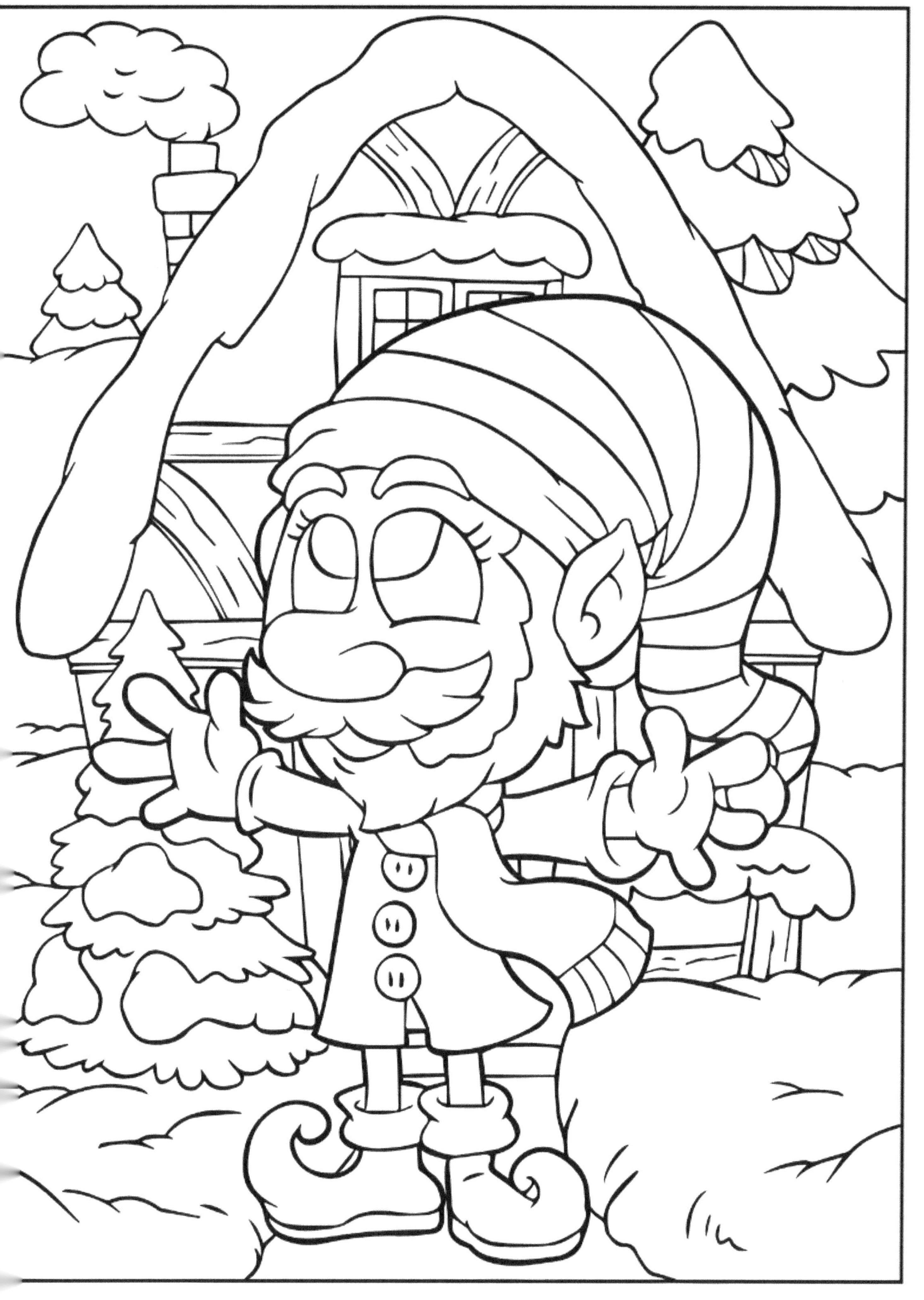

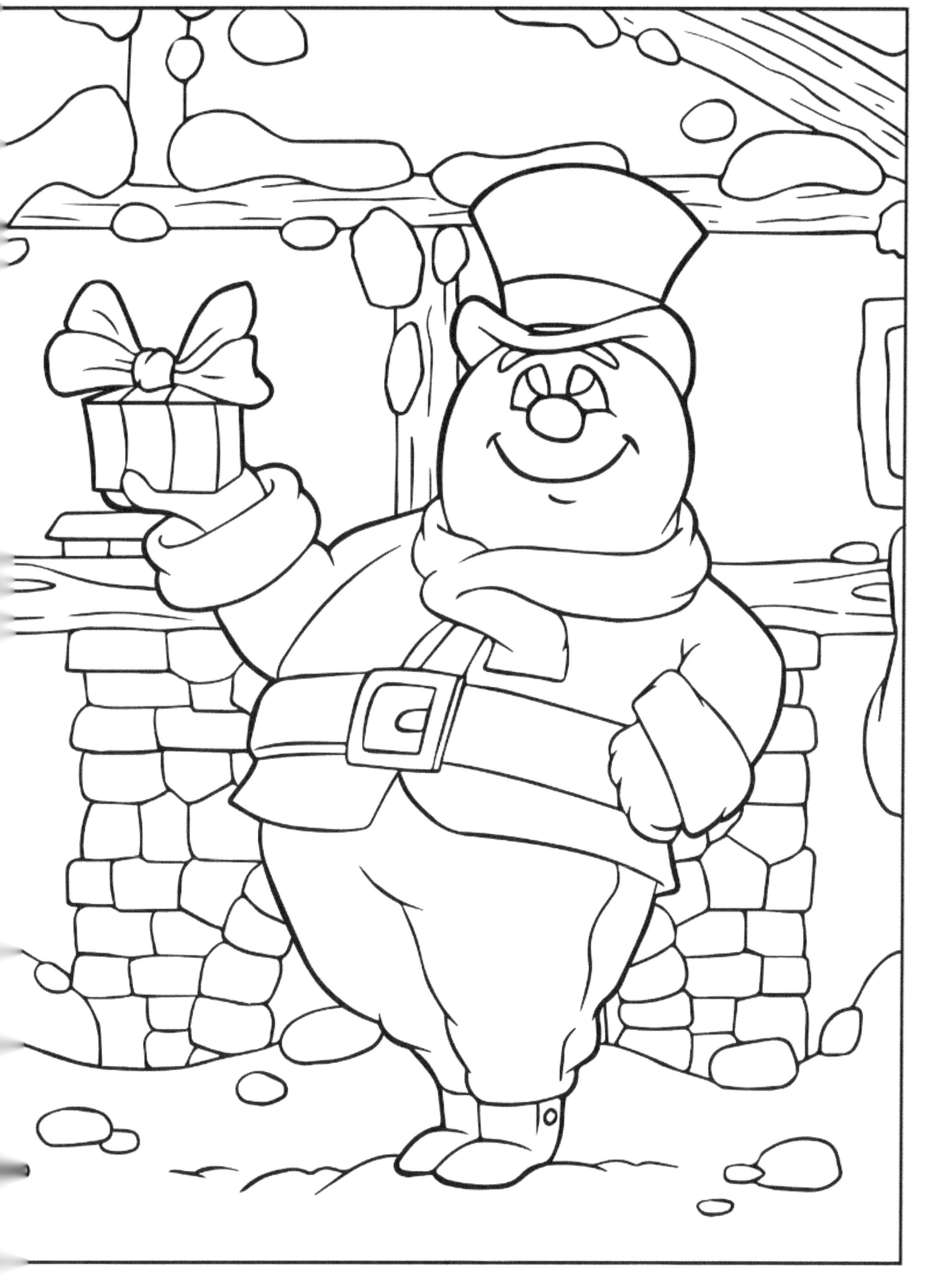

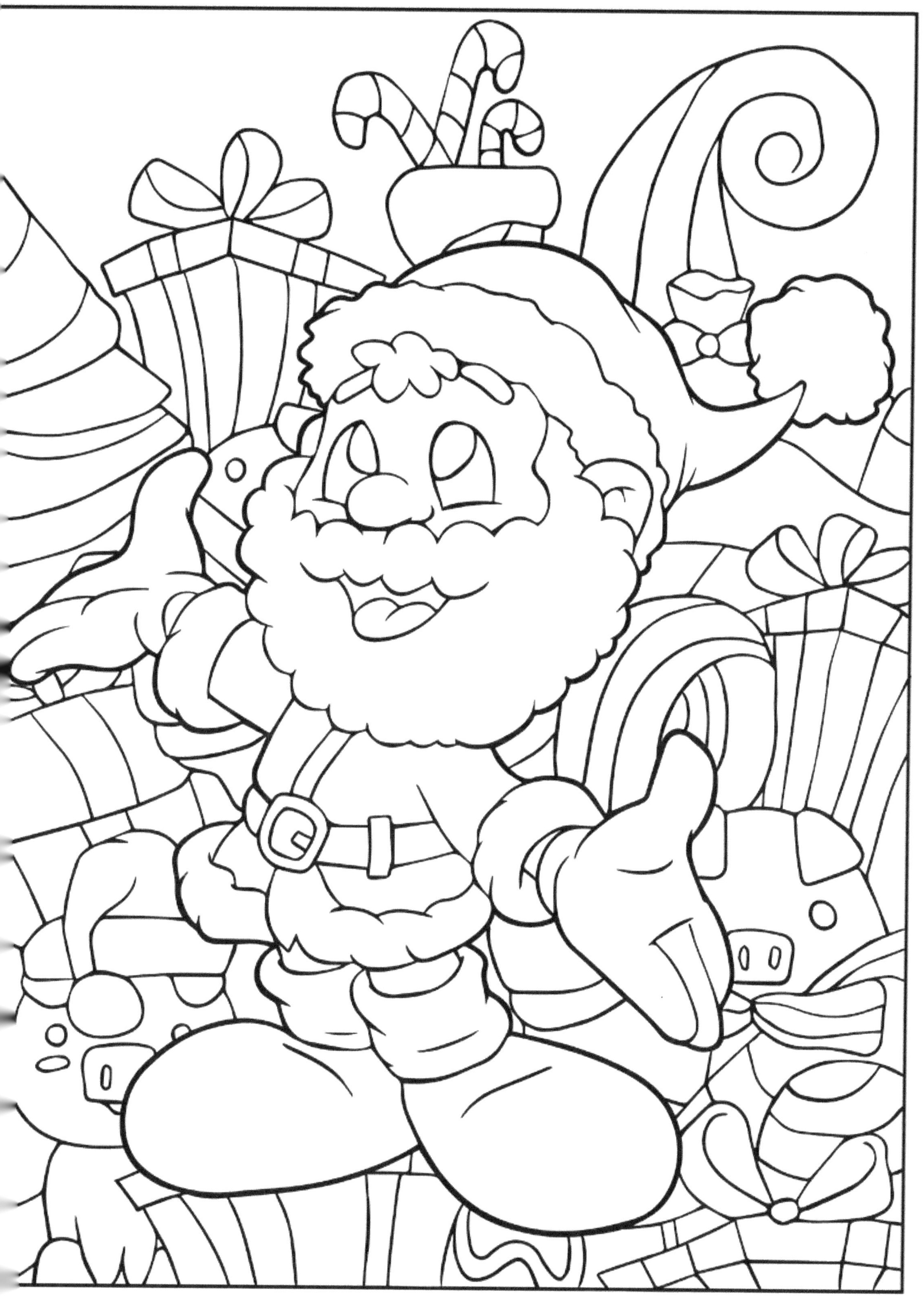

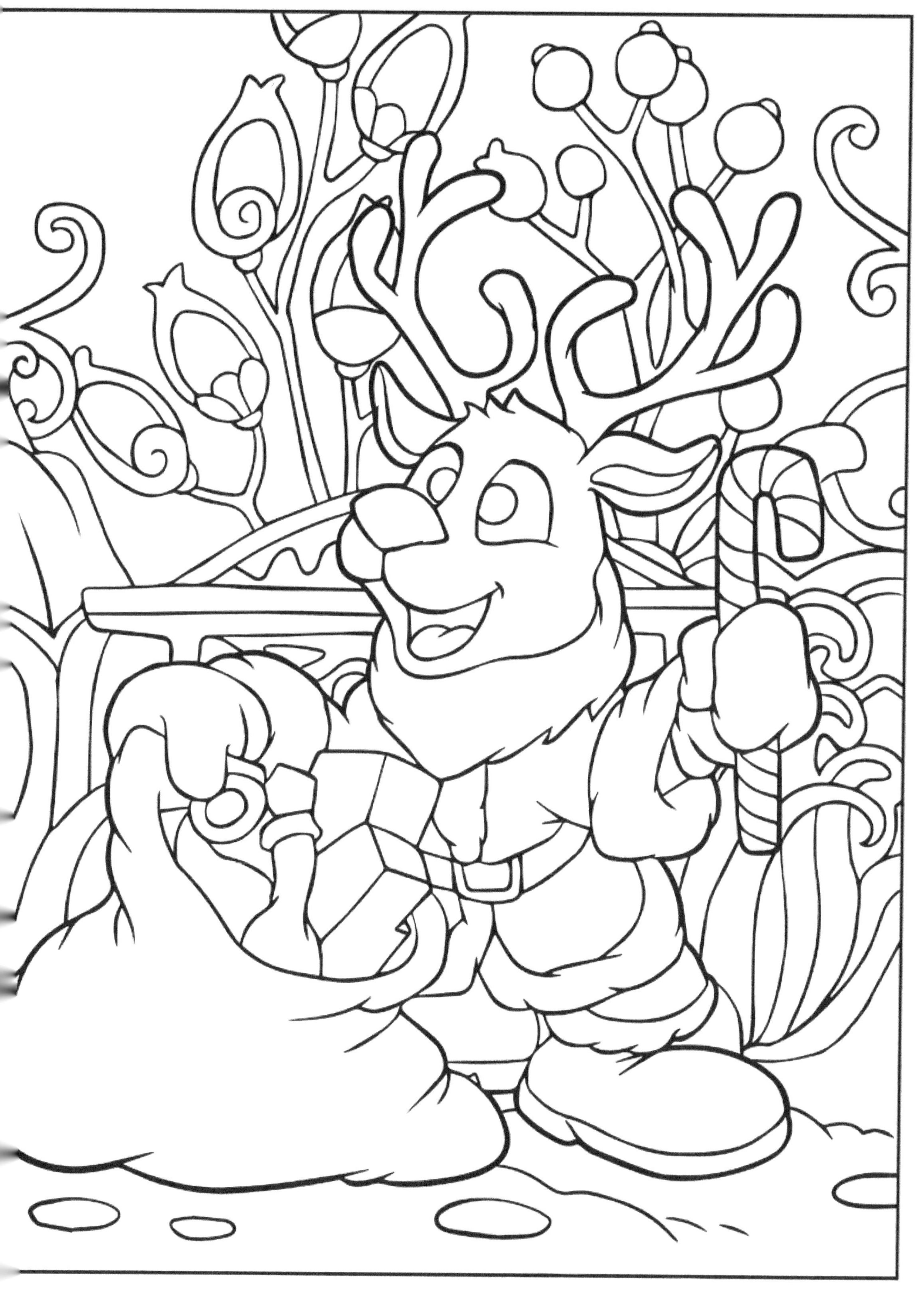

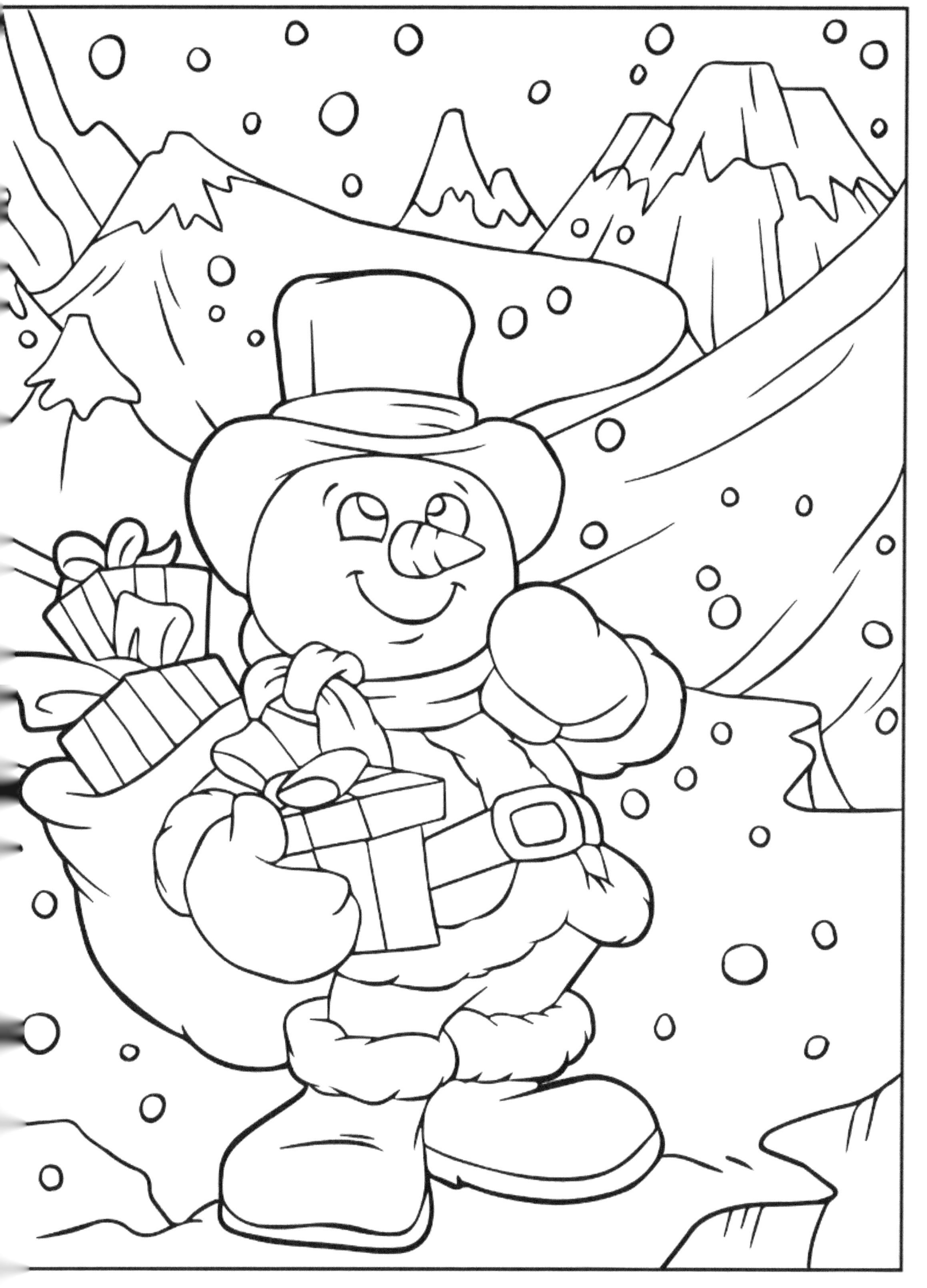

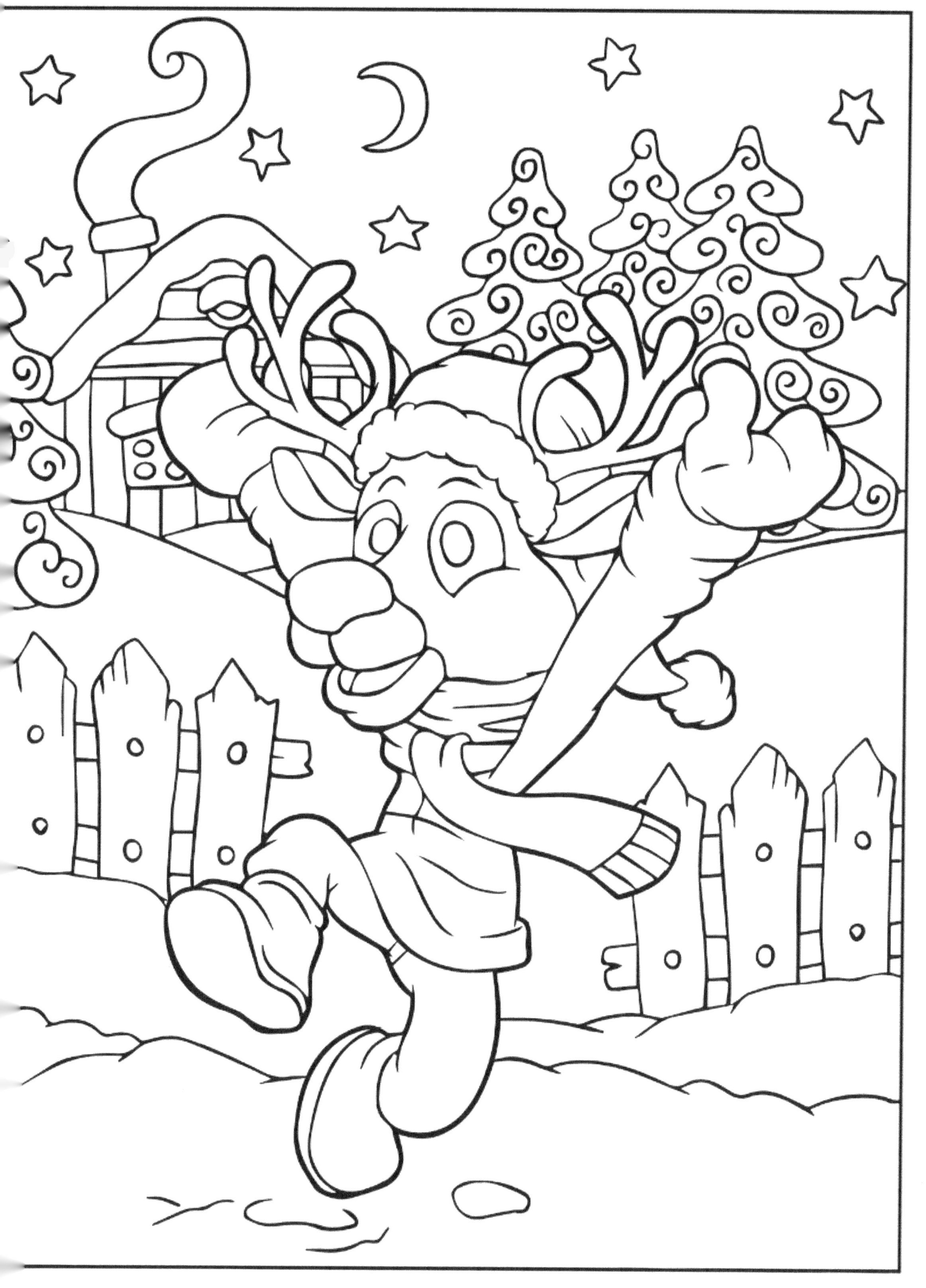

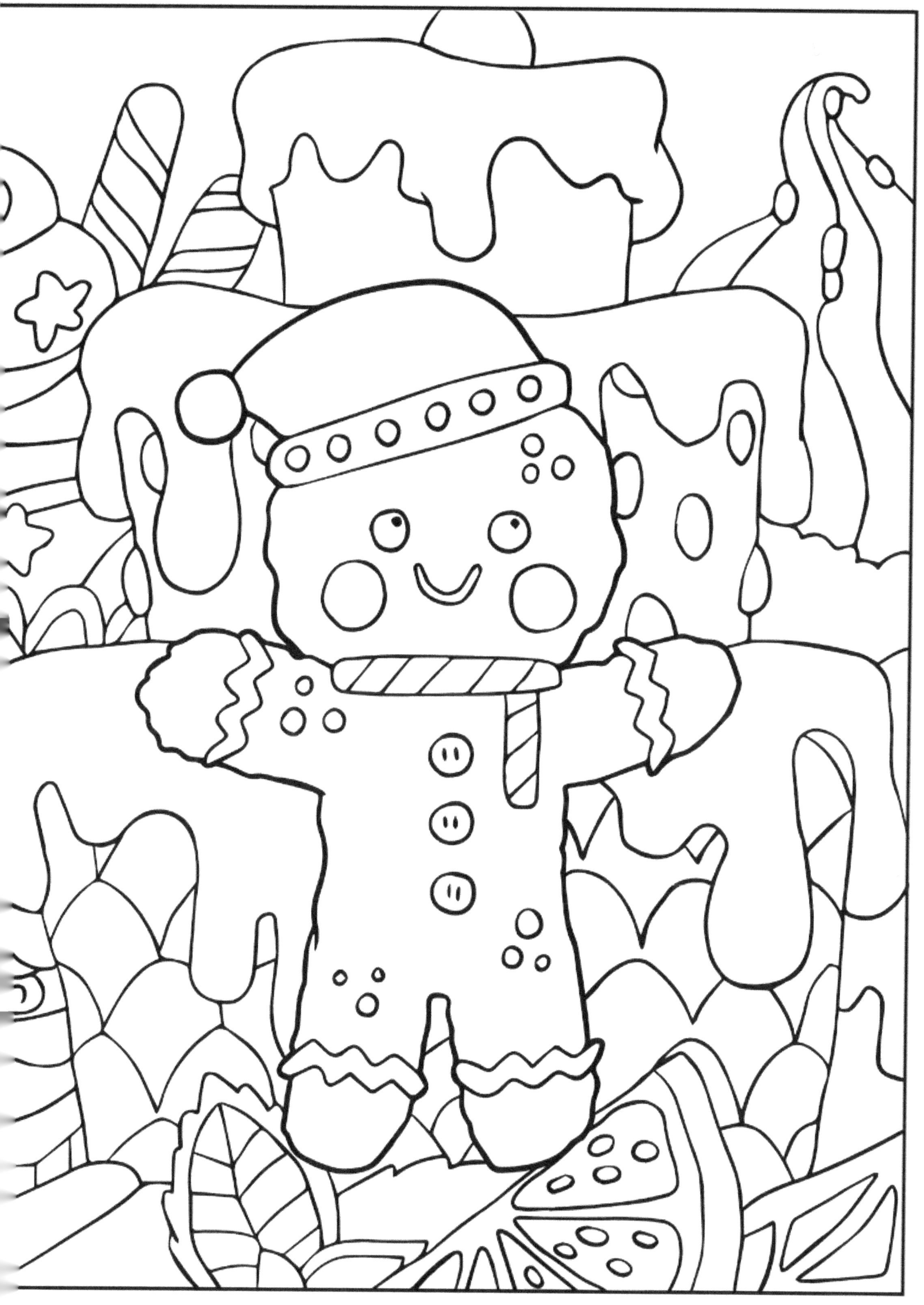

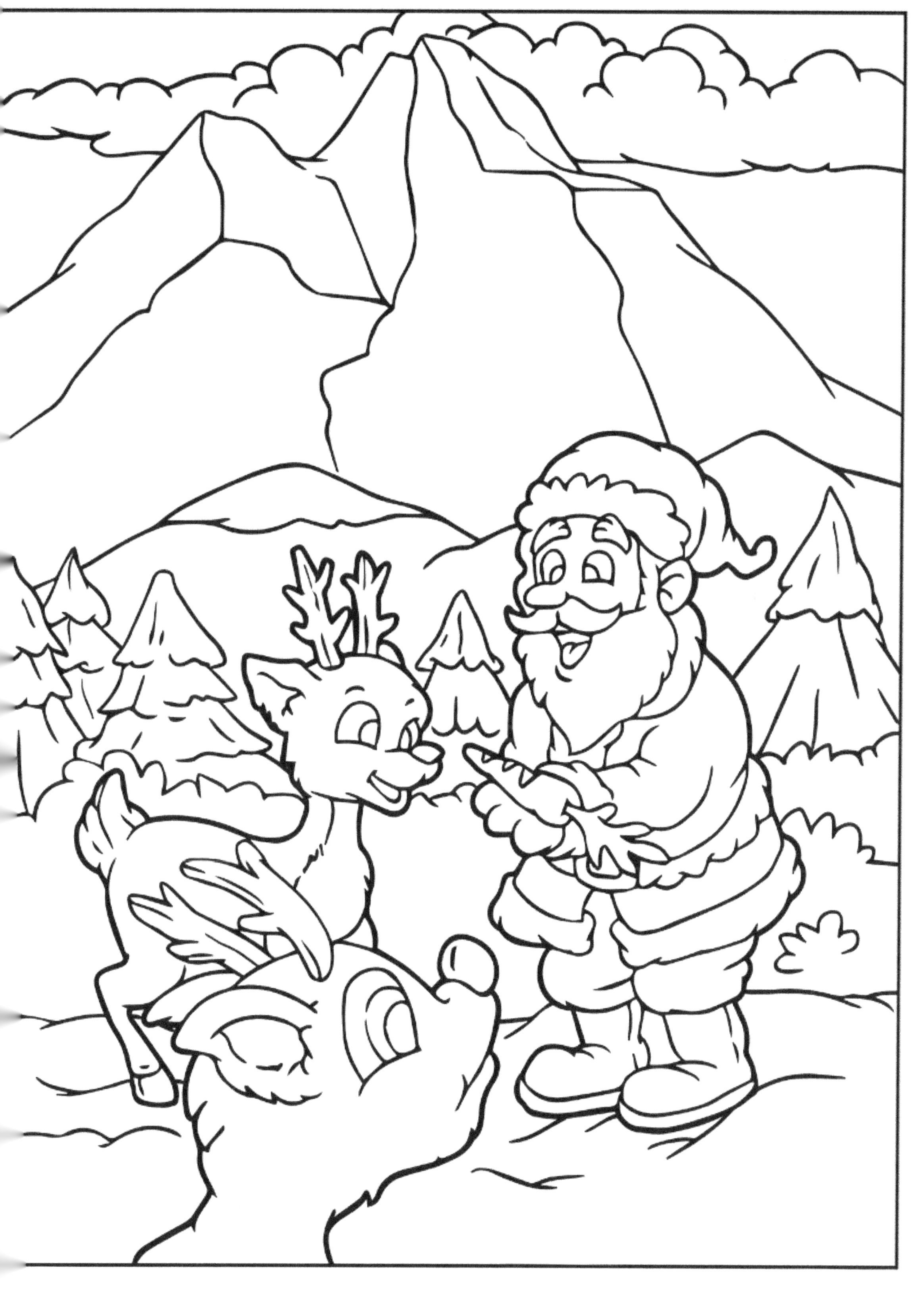

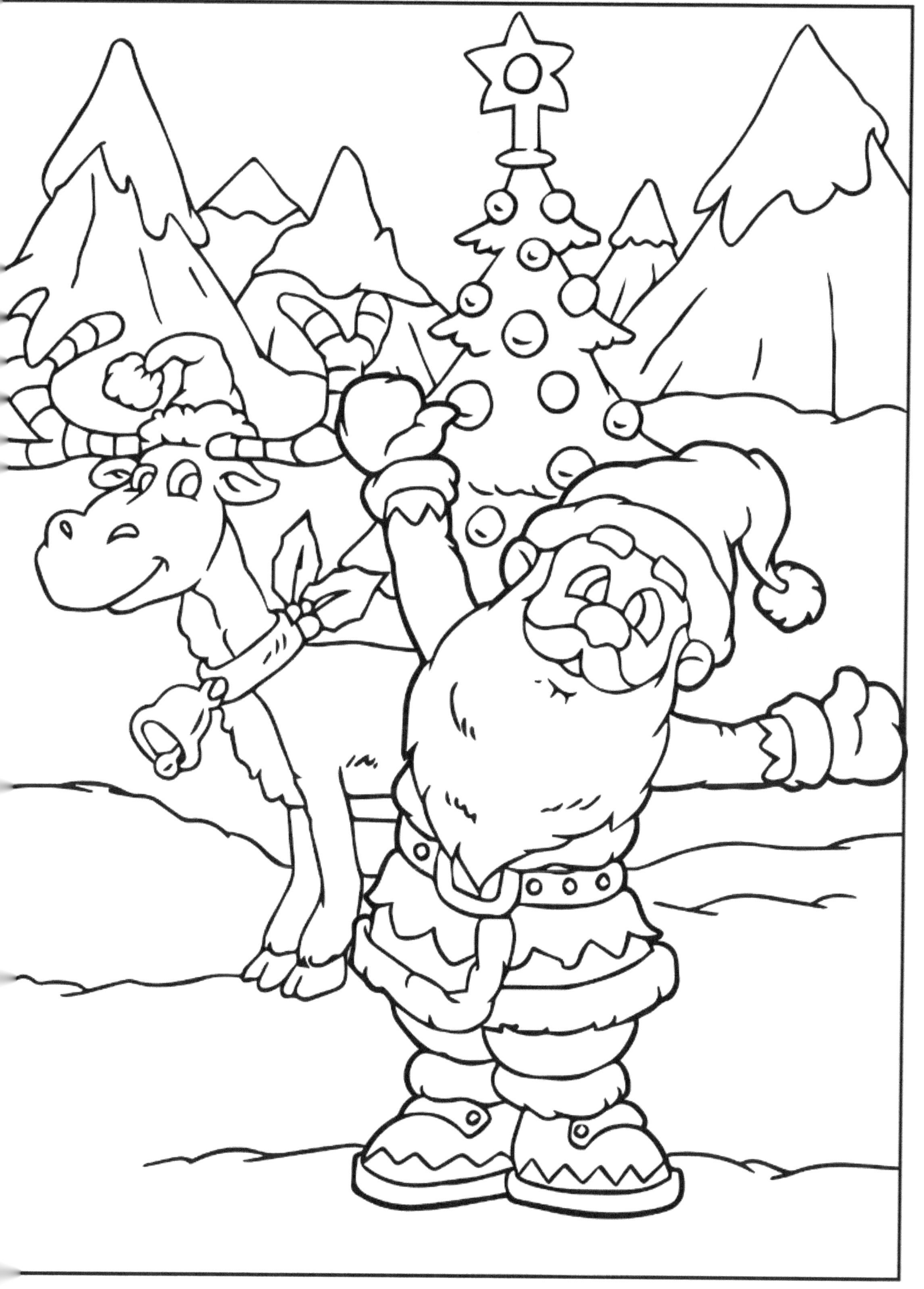

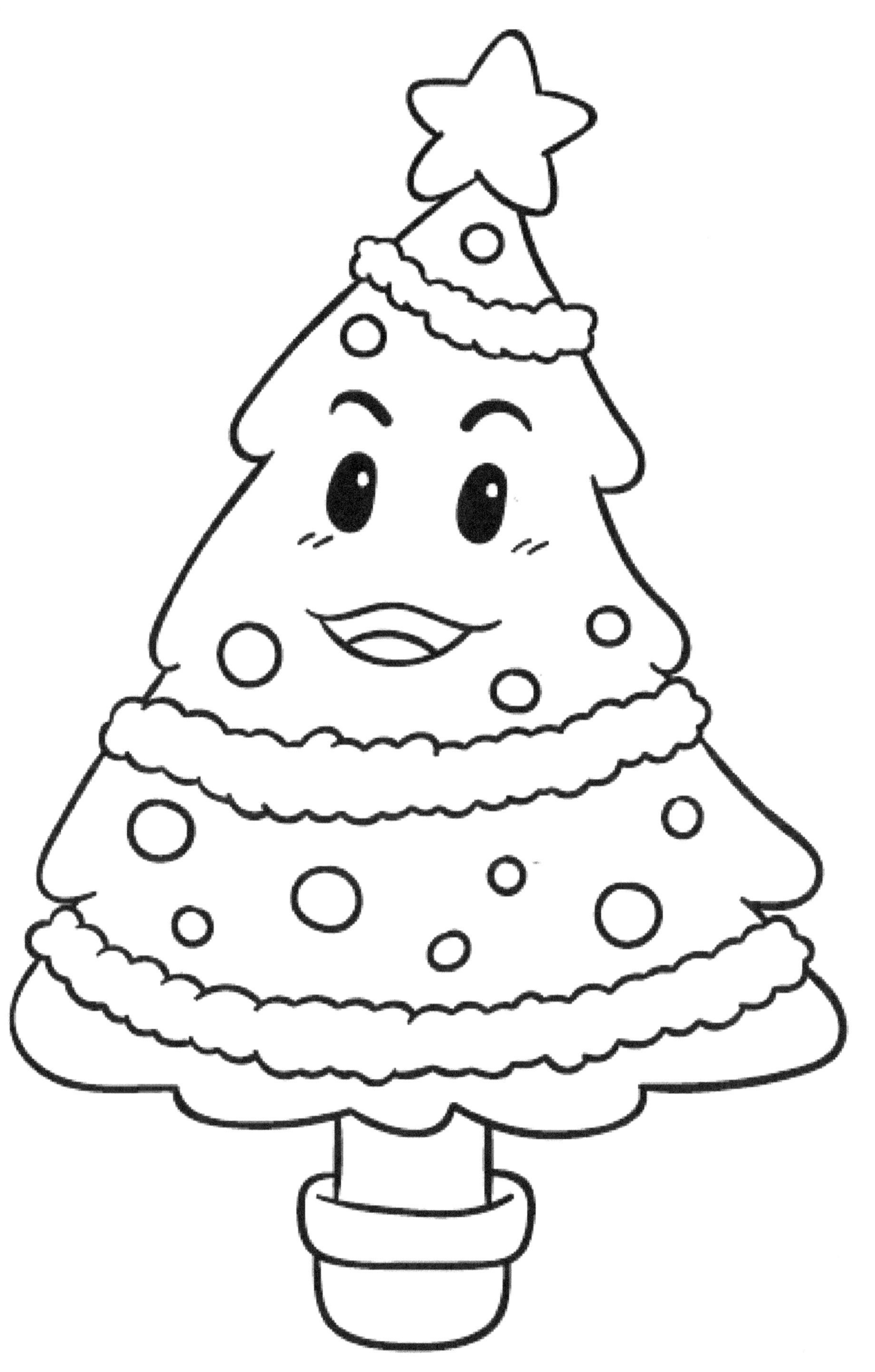

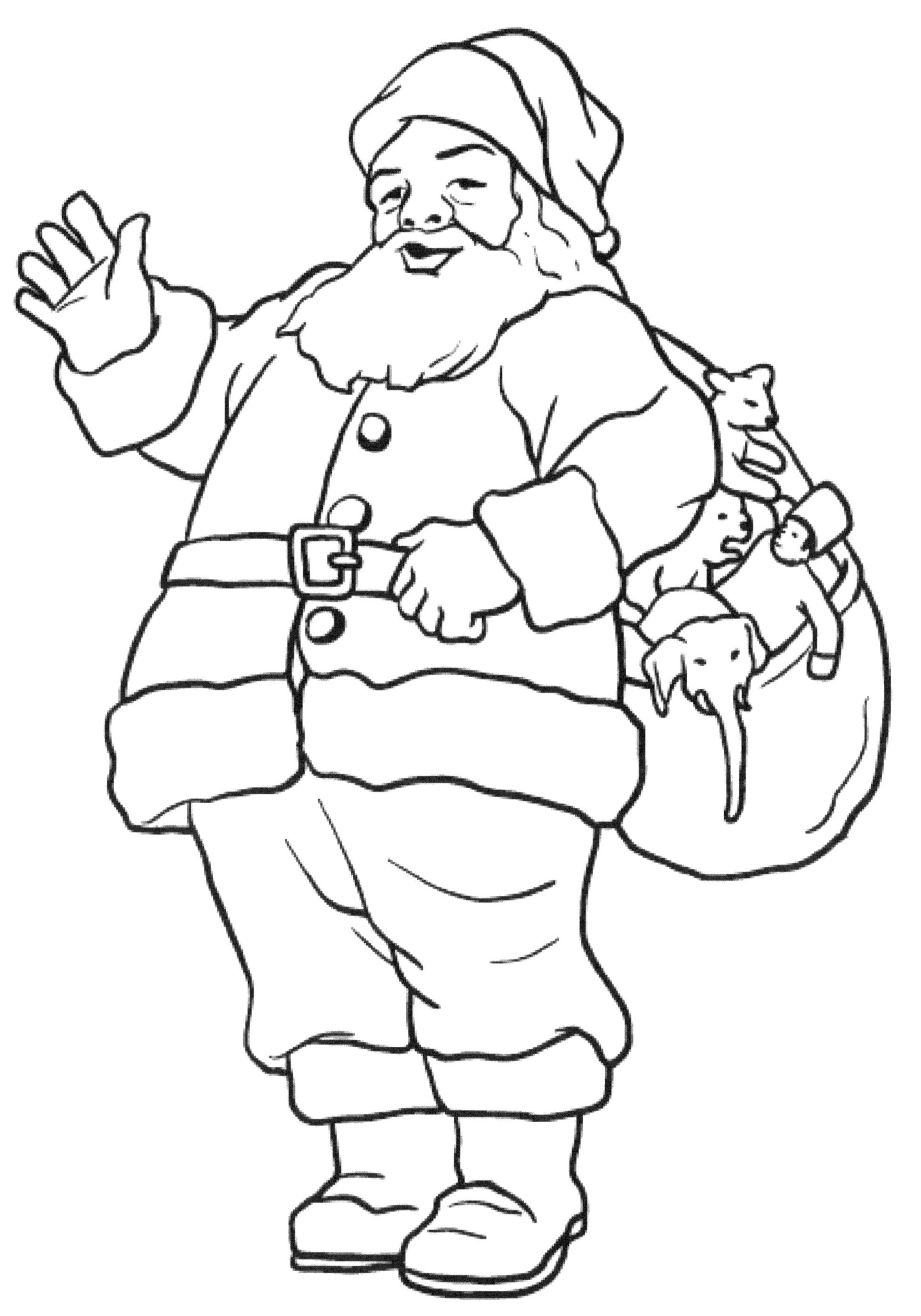

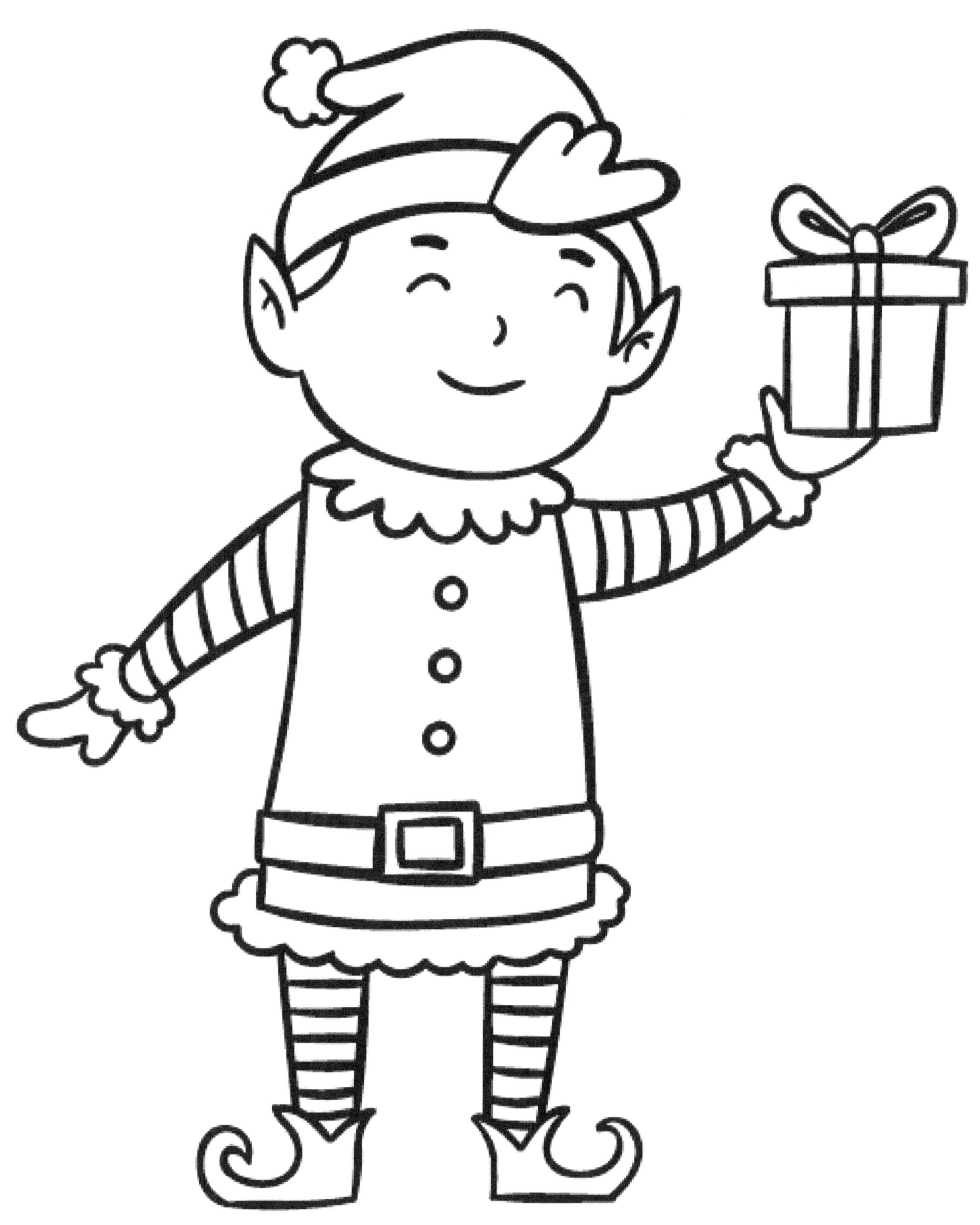

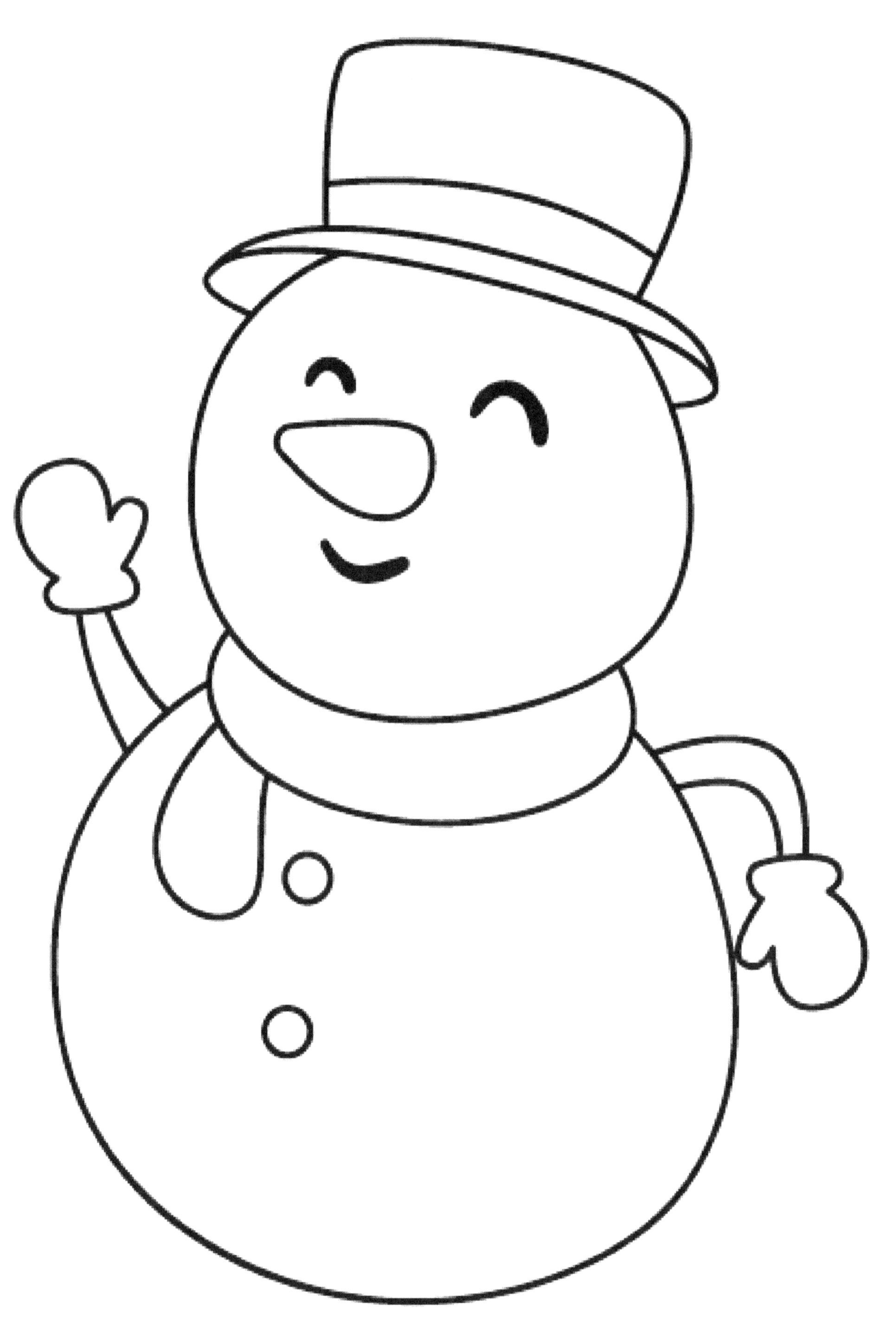

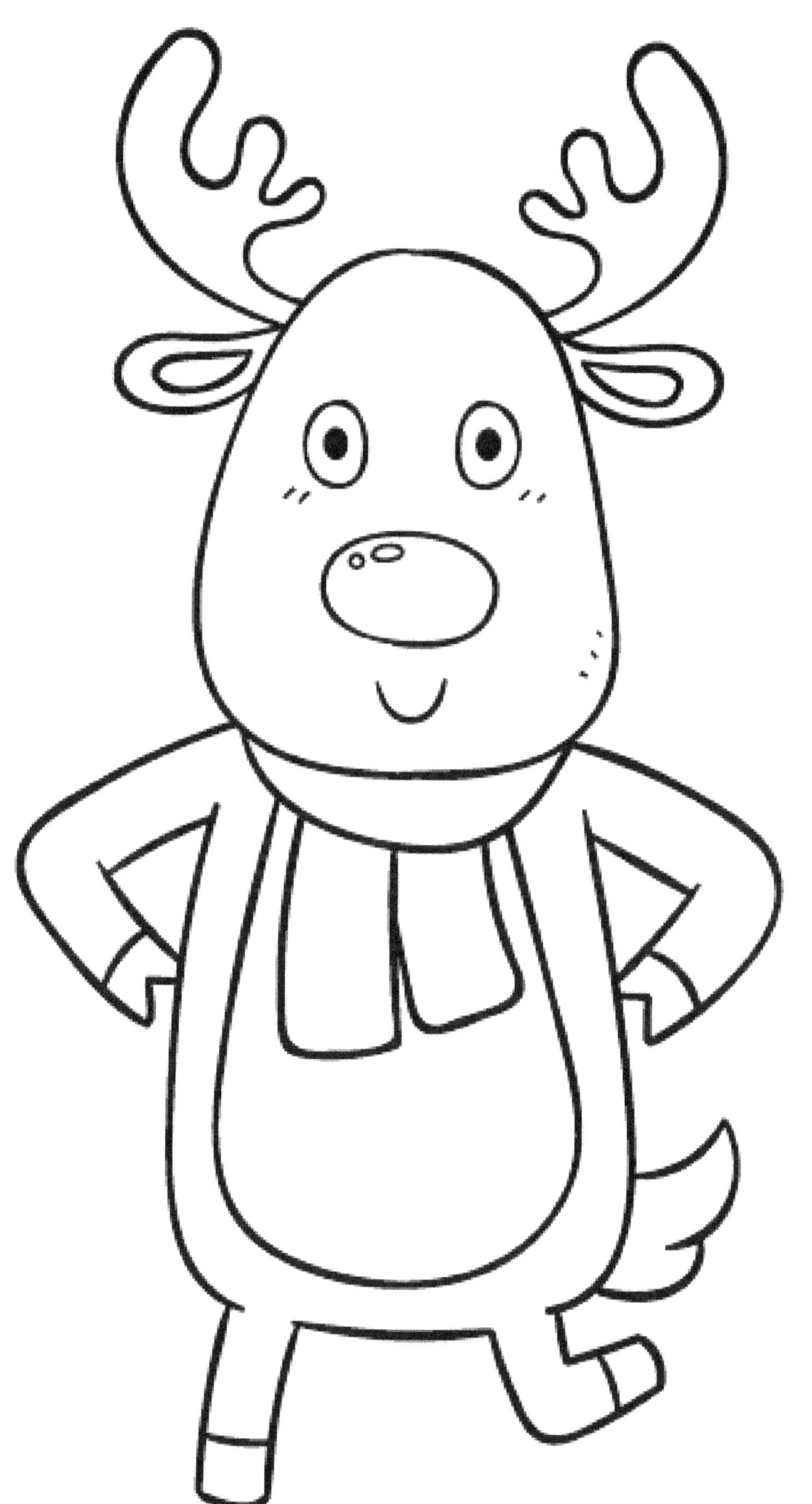

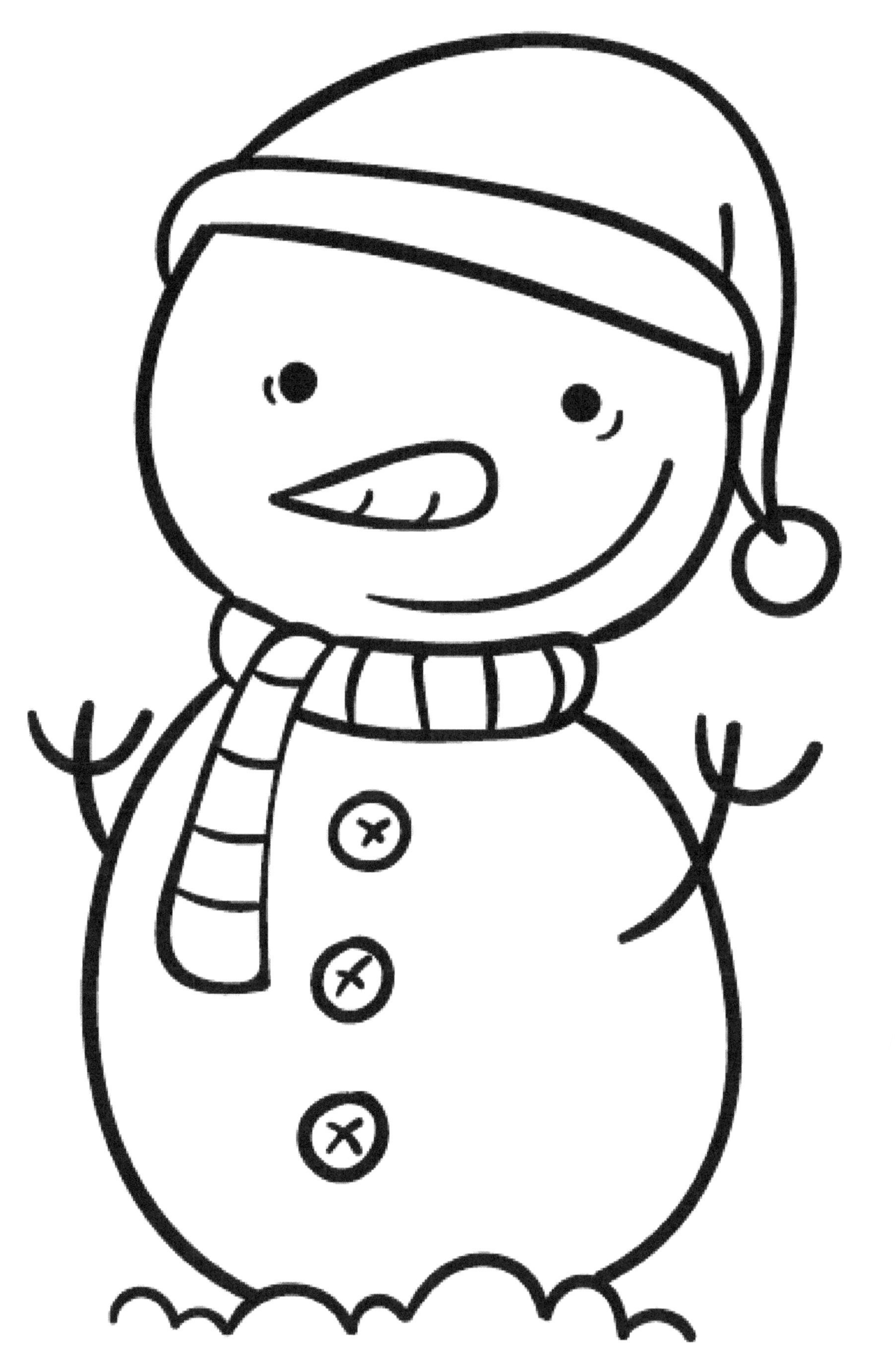

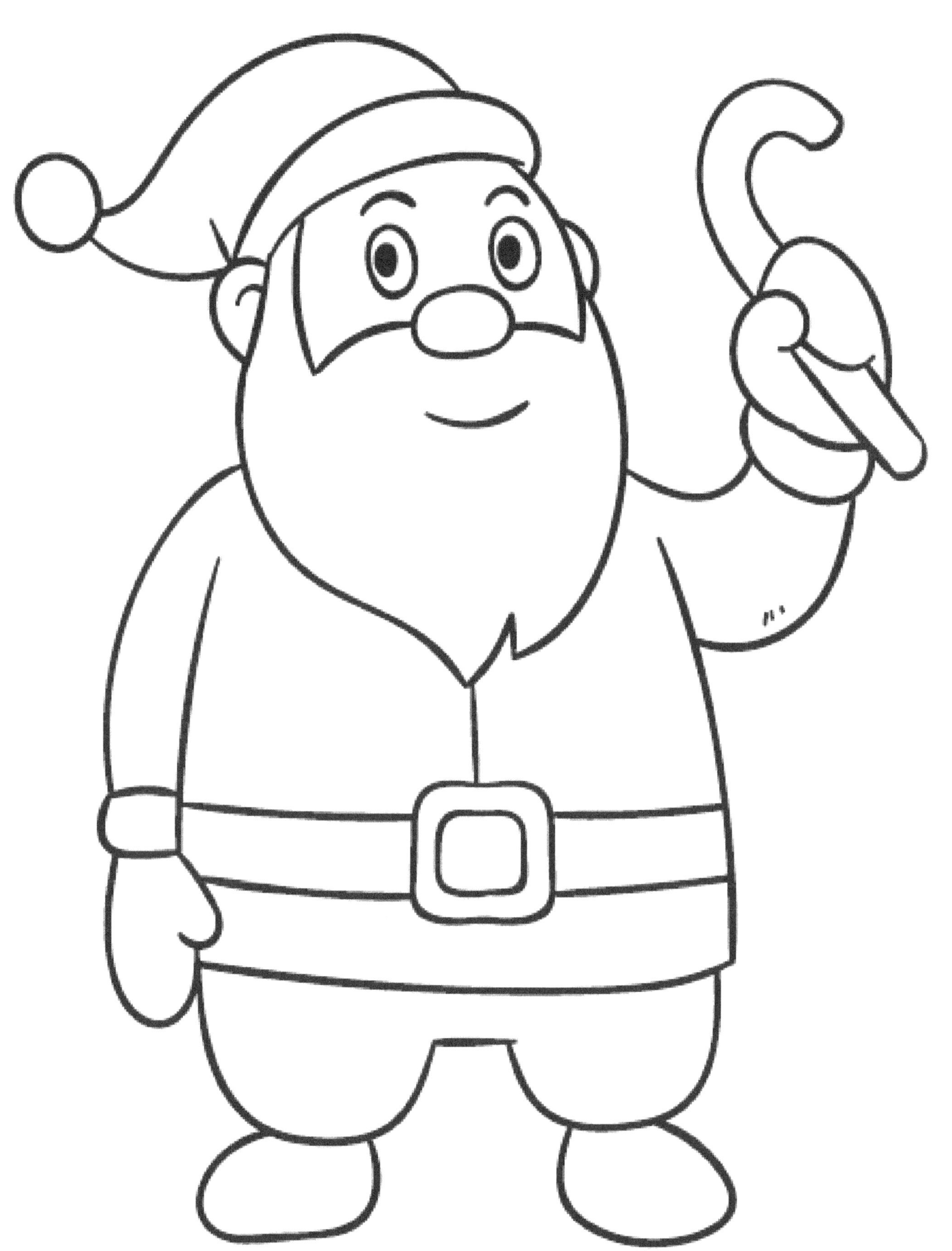

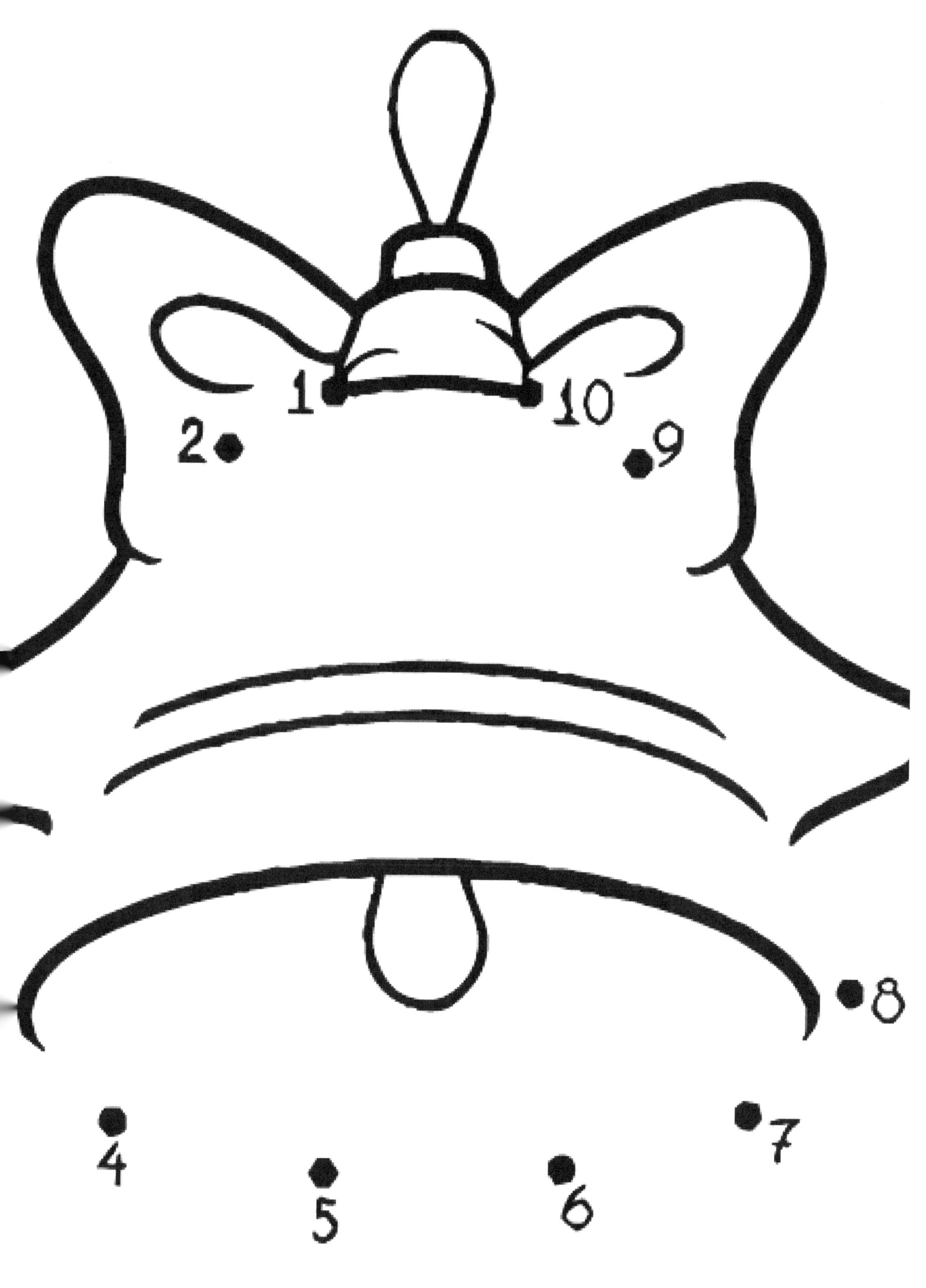
1
2
10
9
8
4
5
6
7

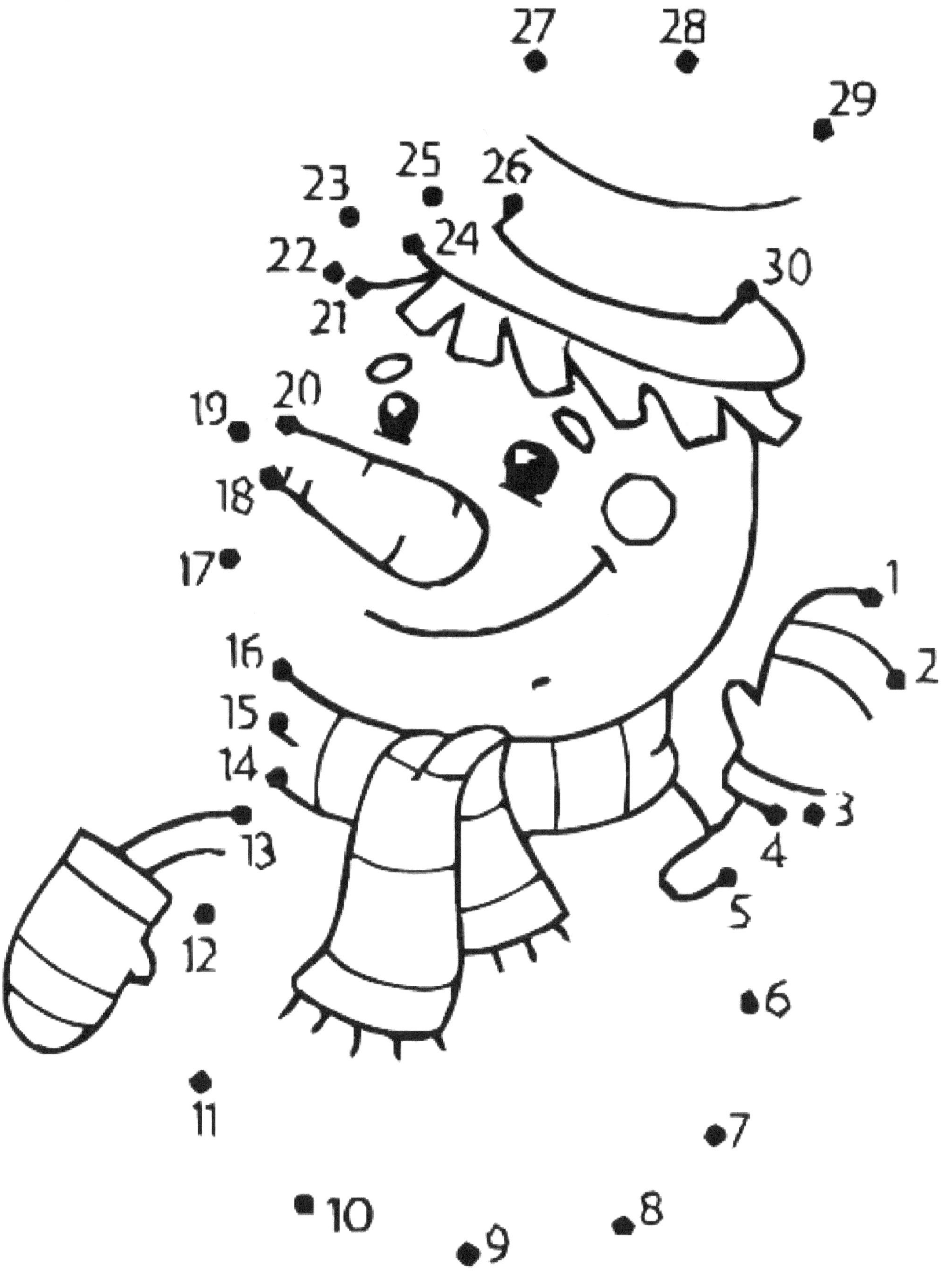

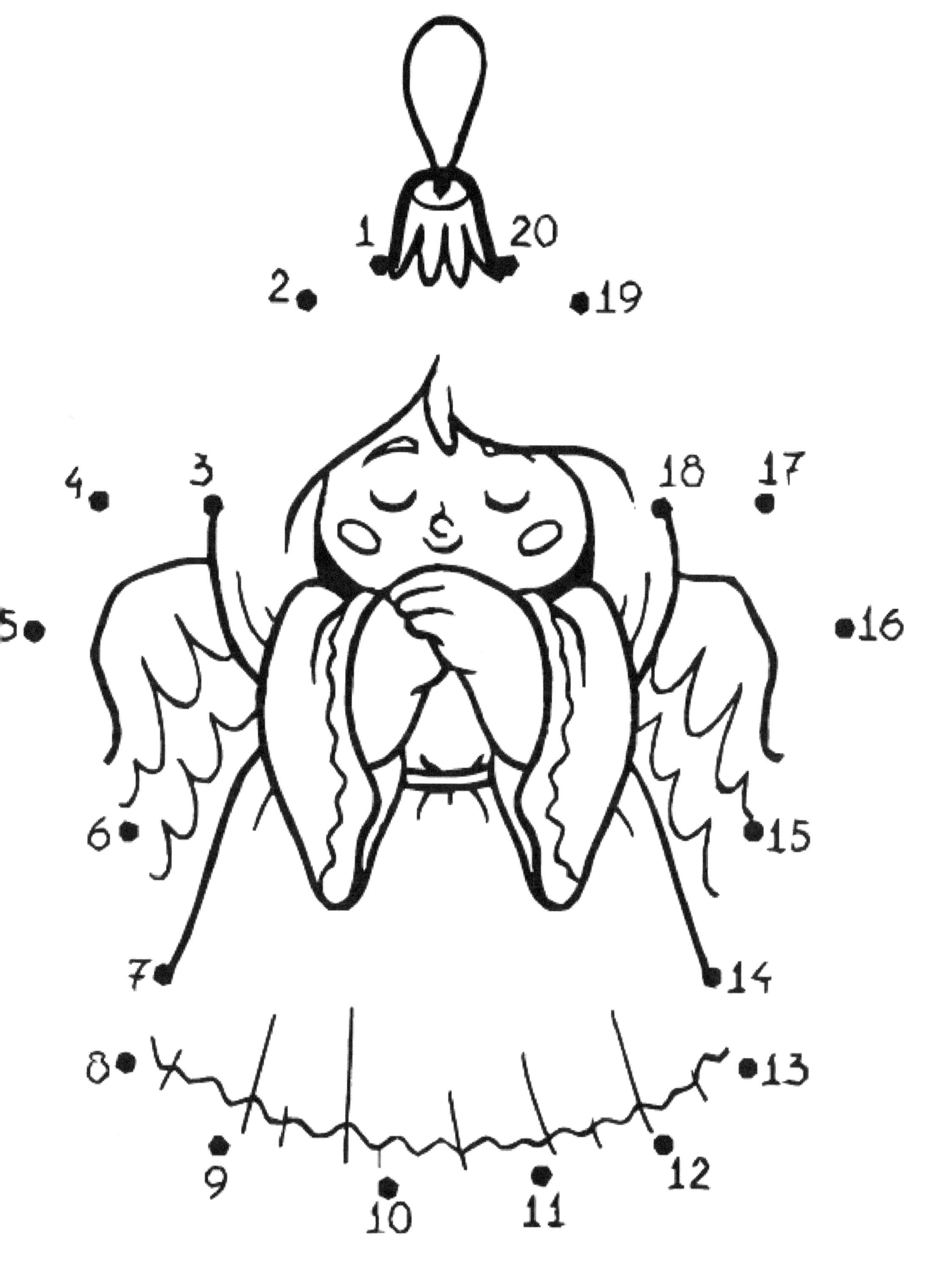
1
20
2
19
4
3
18
17
5
16
6
15
7
14
8
13
9
10
11
12

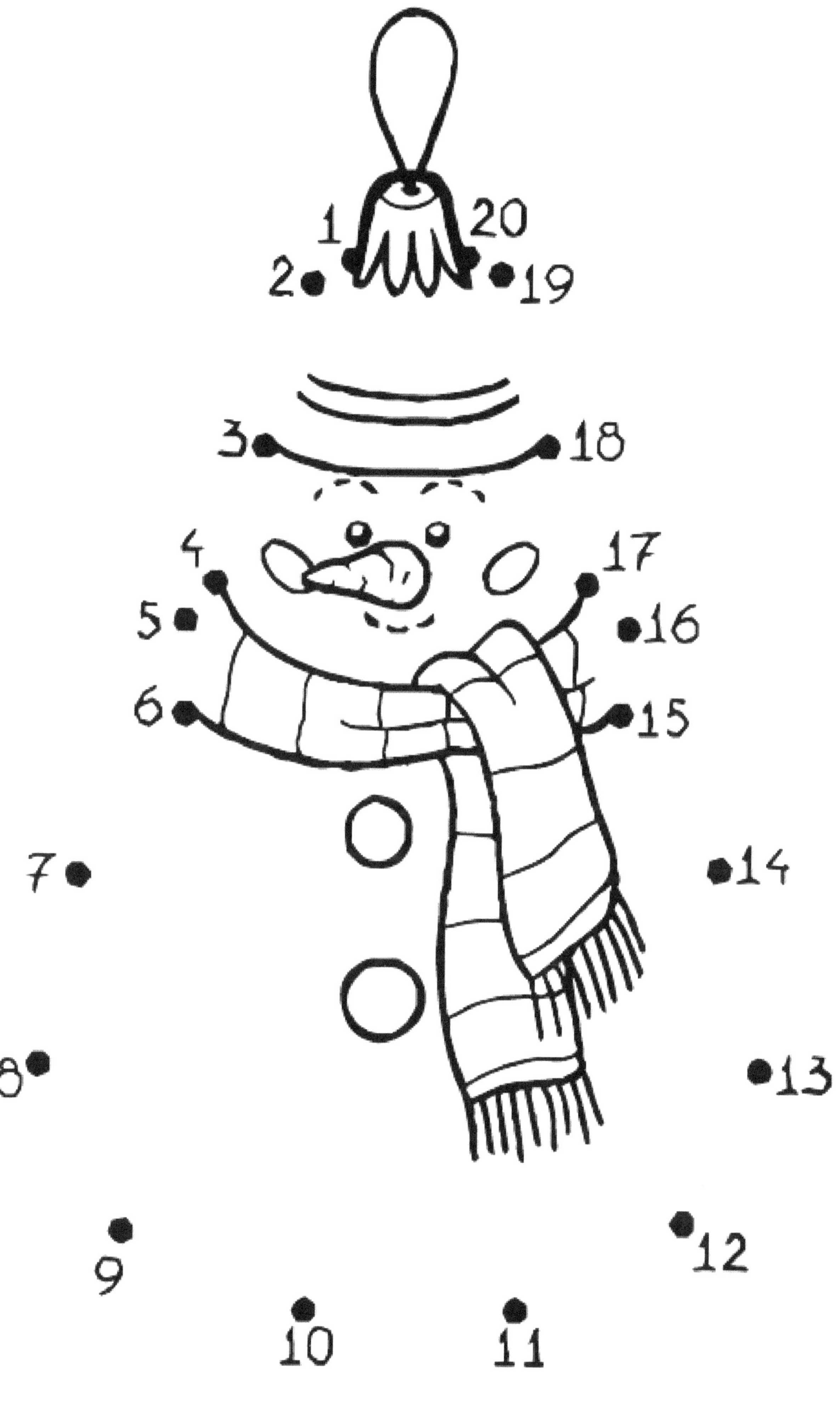

1
2
20
19
3
18
4
5
17
16
6
15
7
14
8
13
9
12
10
11

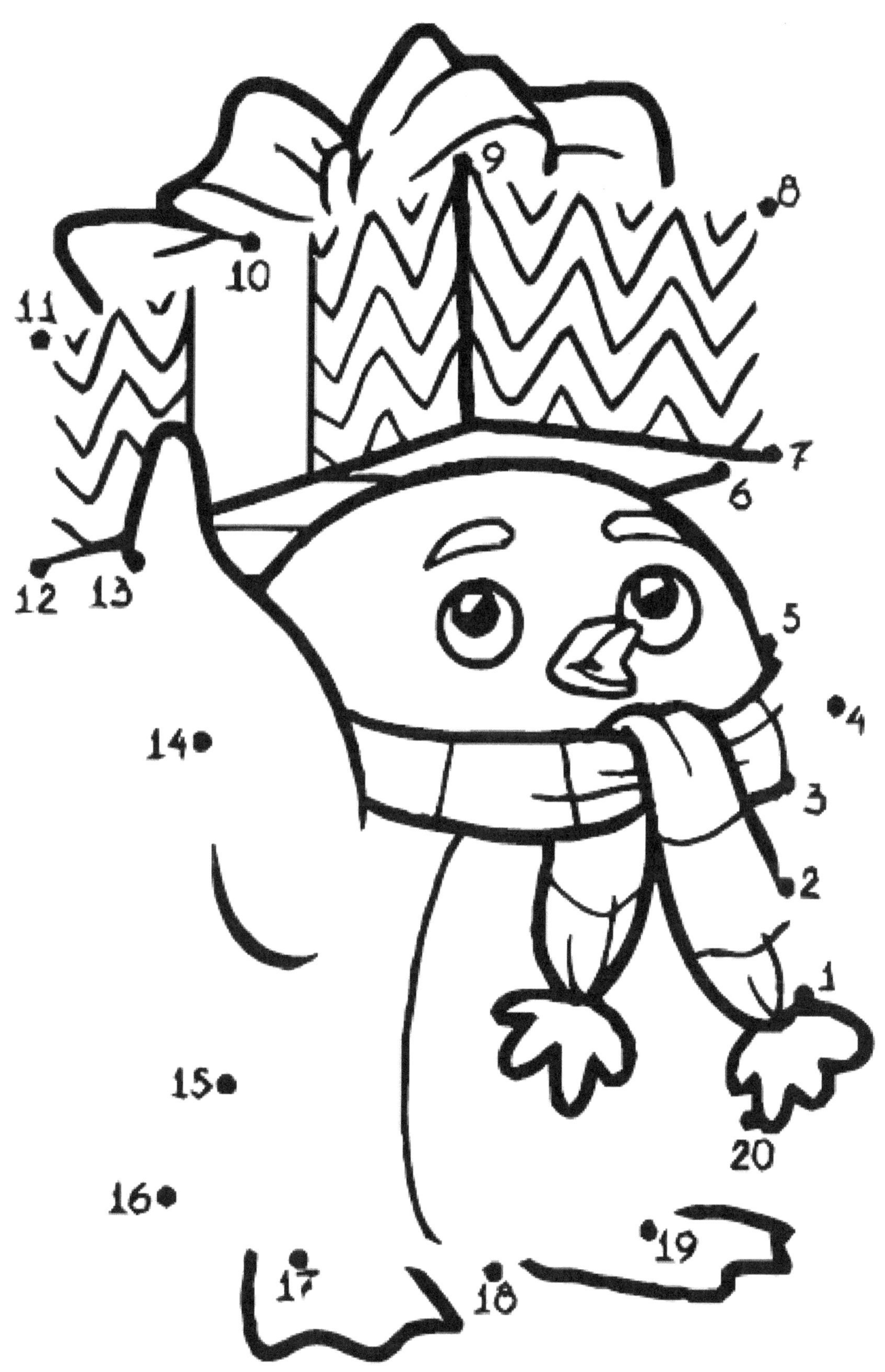

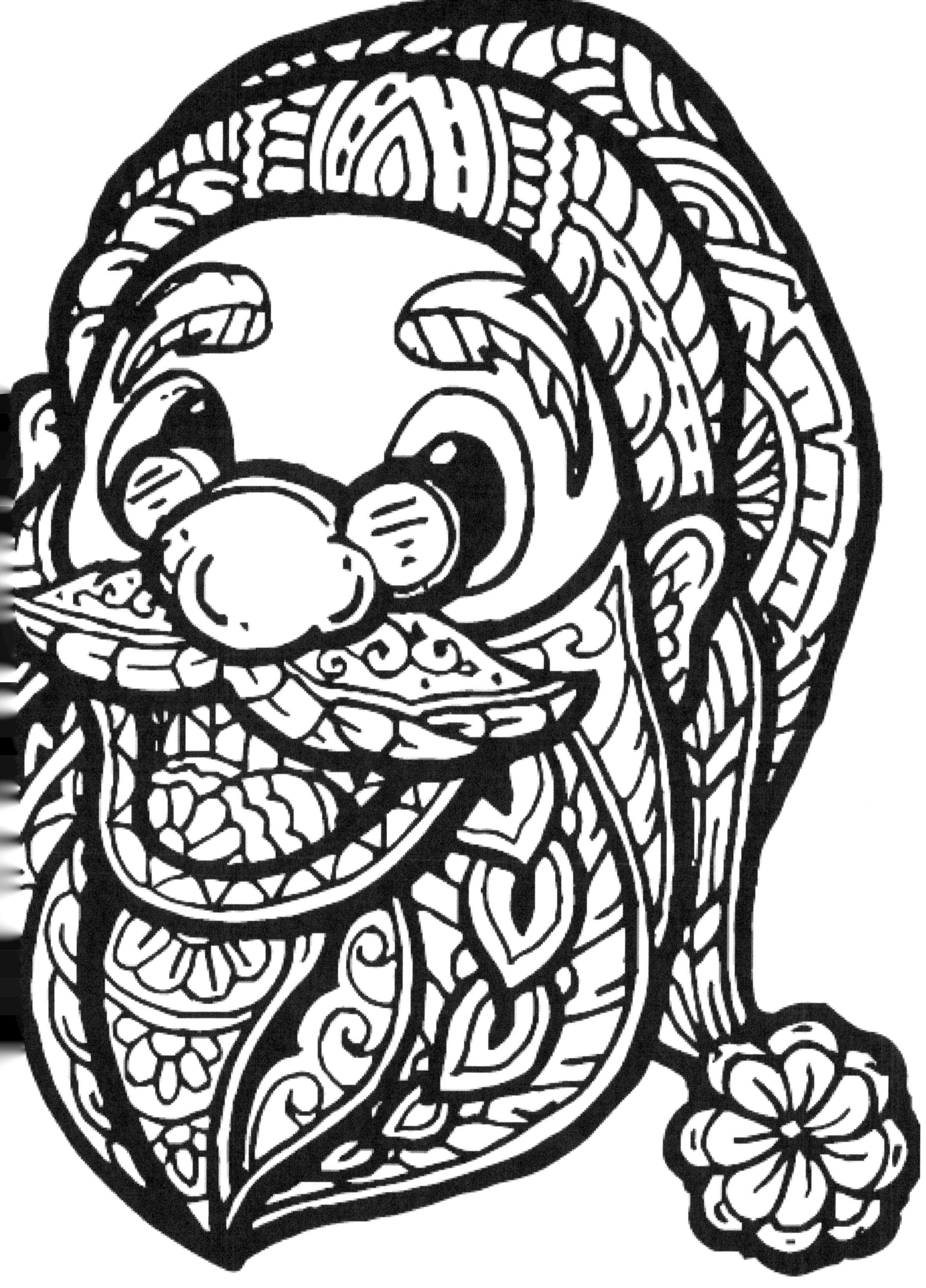

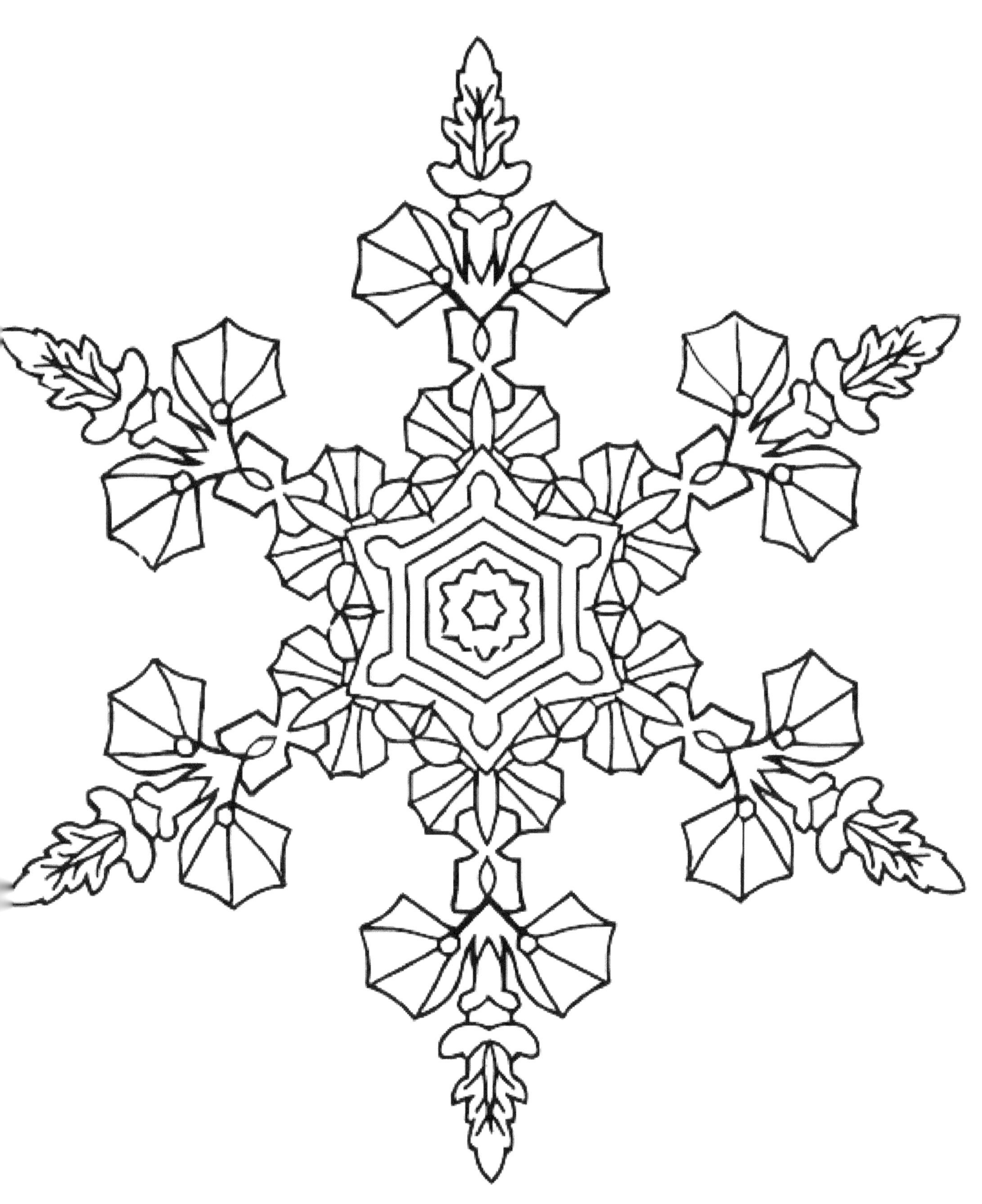

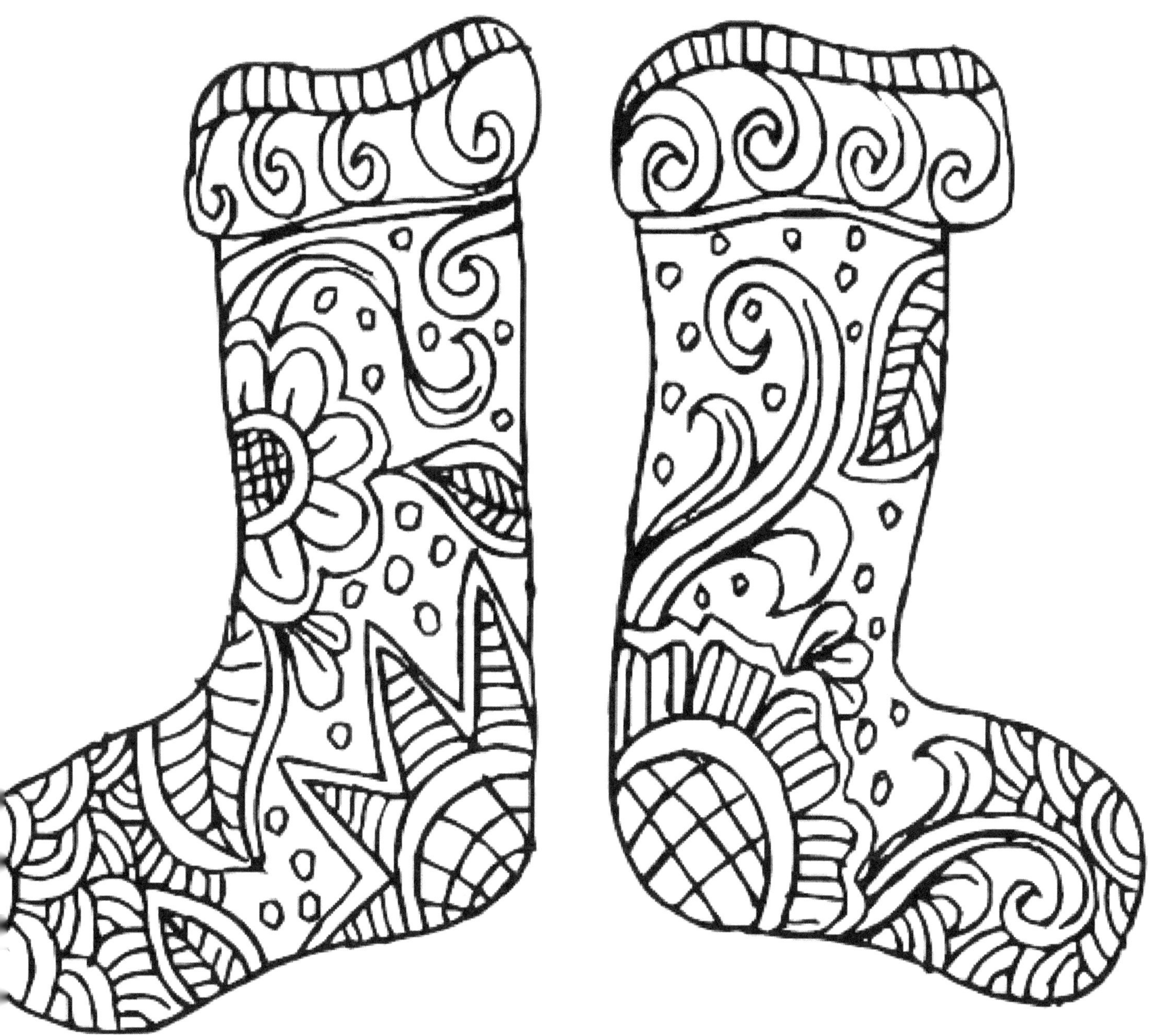

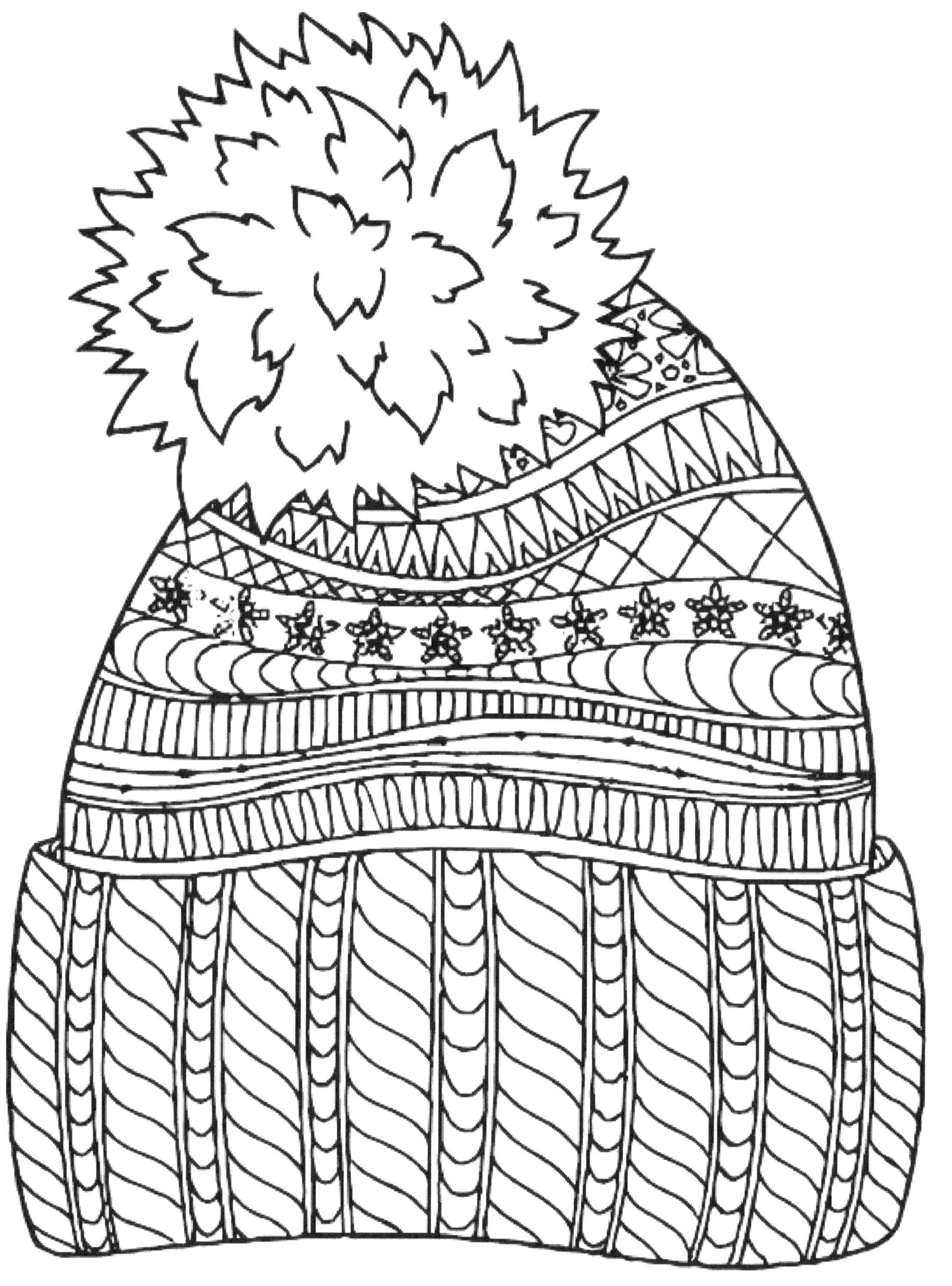

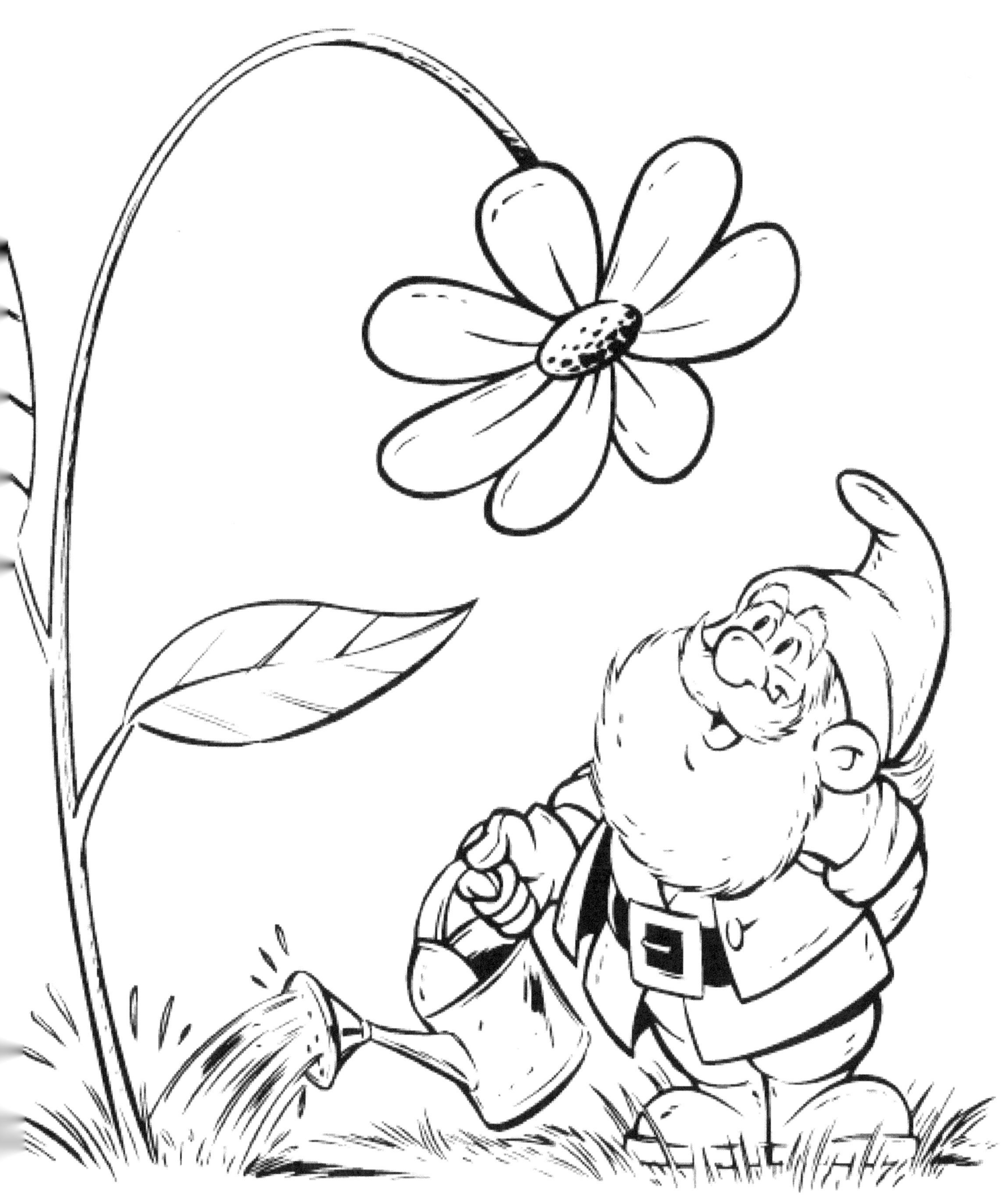

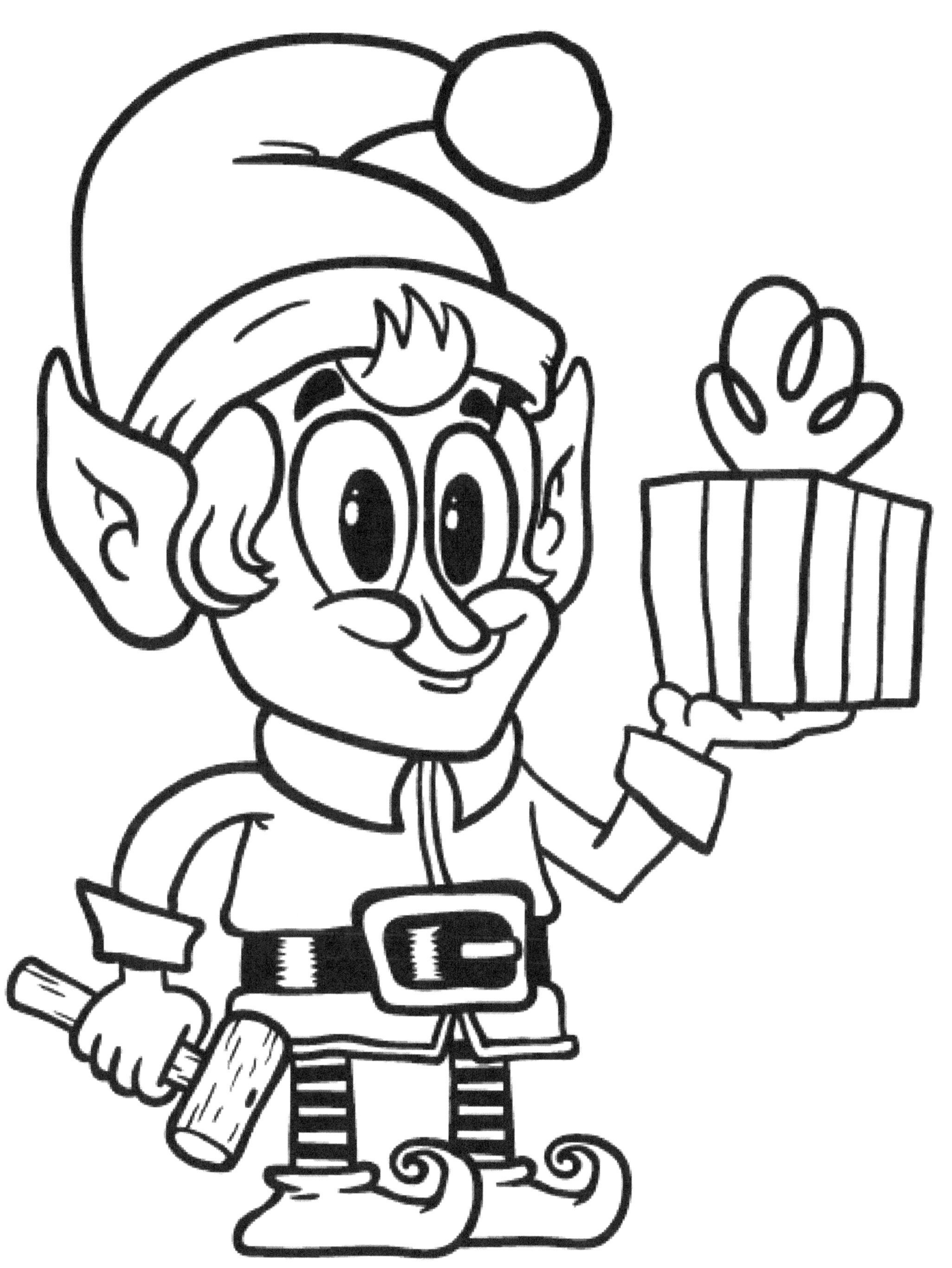

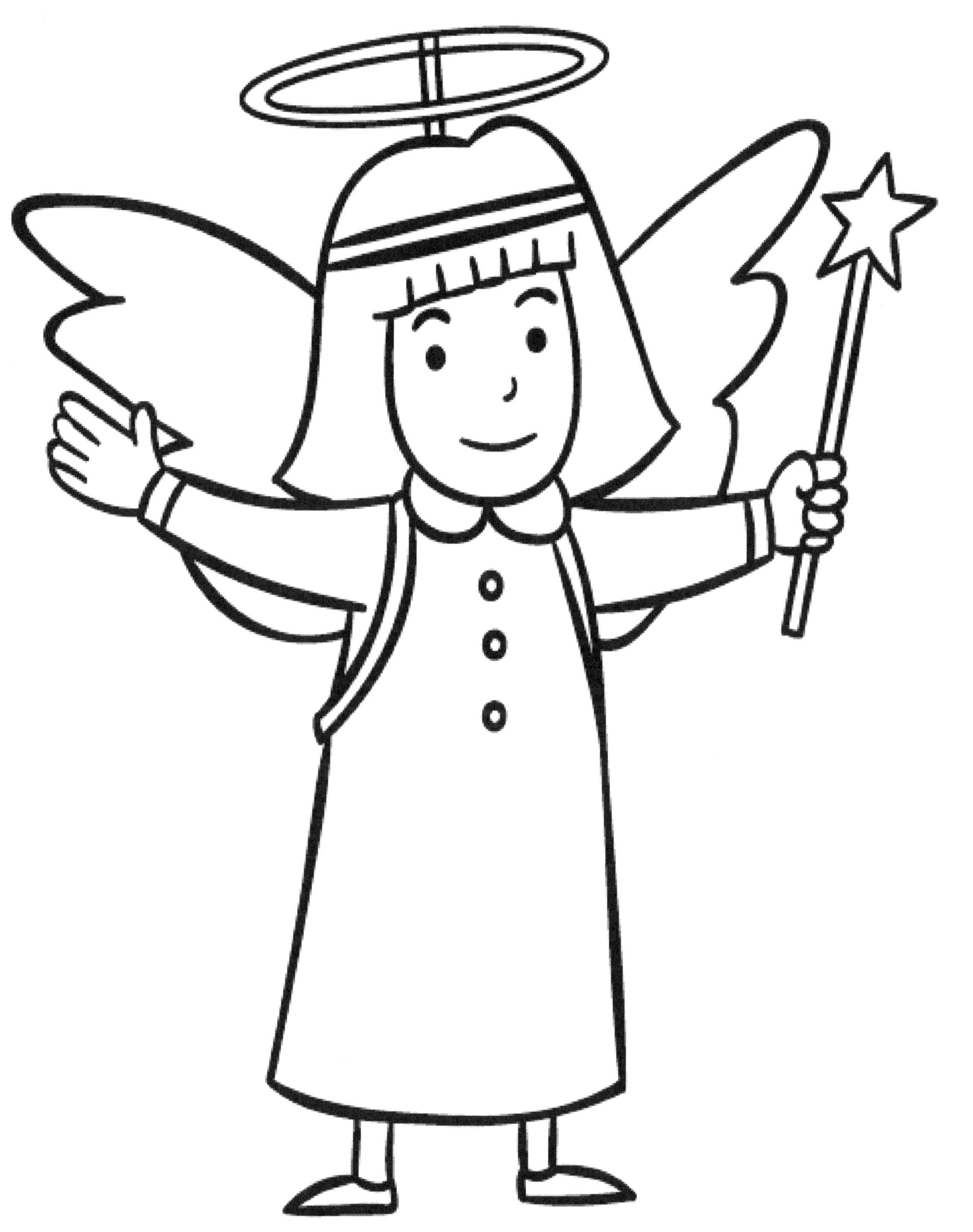

www.ingramcontent.com/pod-product-compliance
Lightning Source LLC
Chambersburg PA
CBHW081352160726
48000CB00010B/3315